TINA GLASL
STEFANIE REGER

Survival Guide
für die Babyzeit

333 Tipps von stresserprobten Müttern

Inhalt

Beyond baby – Freizeit und Freunde genießen

1
2
3
4
5

SOS für die Liebe

Mother at work – Baby und Job vereinbaren

Zum Nachschlagen

Für Leo und Greta,
Johanna und Benjamin

Vorwort

Auf einmal sind wir Mama. Die Geburt hat uns in ein neues Leben hineinkatapultiert. Und wir wollen einen neuen Typ Frau leben, der trotz aller Konzentration auf das Kind auch sich selbst noch im Fokus hat. Der sich fragt: Wie komme ich damit klar, plötzlich fremdbestimmt zu sein? Wie manage ich mich und das Kind am besten? Wie setze ich mich nach der Babypause im Job wieder durch? Und wo bleibt die Liebe? Wir zeigen Ihnen, was die ersten Wochen und Monate mit Kind leichter macht.

Unser Buch mit Tipps und Erfahrungsberichten von Müttern für Mütter entlastet Sie jeden Tag aufs Neue.

Viel Spaß mit dem »Survival Guide« und Ihrem Baby!

Tina Glasl und Stefanie Reger

1 Ein Baby stellt das Leben auf den Kopf

→ Das Baby ist da, und plötzlich heißt es nur noch: »Du hast Hunger? Ich bin schon unterwegs!« – »Deine Windel ist voll? Mama kümmert sich sofort darum.«
Damit Sie diese ersten Wochen und Monate mit Baby trotz großer Veränderungen und Schlafmangel genießen können, haben wir Ihnen unentbehrliche Erste-Hilfe-Tipps zusammengestellt.

Die ersten Wochen mit Baby

Vor der Geburt sind Mütter extrem darauf programmiert, alles fürs Baby vorzubereiten, und machen sich kundig: Wie viele Bodys soll ich kaufen? Wie richte ich das Kinderzimmer am besten ein? Welcher Wickeleimer ist der praktischste? Die Liste ließe sich beliebig erweitern. Aber kaum eine Frau macht sich Gedanken, wie sie ihr LEBEN NACH DER GEBURT organisieren kann und will. Erst wenn wir mitten im Baby-Chaos stecken, fällt uns auf, dass dies vielleicht wichtiger gewesen wäre als manches Detail im Kinderzimmer.
Die Verzweiflung über den so ganz anderen Baby-Alltag packt jede Mutter früher oder später. Bei der einen sind es die Wäscheberge, die das Fass zum Überlaufen bringen, bei der anderen vielleicht Stillschwierigkeiten oder ein Baby, das viel weint. Aber keine Panik: Bei fast allen sind es nur Kleinigkeiten, die zusammen mit dem Schlafmangel mürbe machen. Und genau die lassen sich mit ein paar entscheidenden Erste-Hilfe-Taktiken in den Griff kriegen.
Ein bisschen STRUKTUR IN DEN ALLTAG mit Säugling zu bringen ist wirklich nicht schwer! Und damit Sie das Baby-Chaos gut verkraften, ist es ganz wichtig, auch die eigenen Bedürfnisse nicht aus den Augen zu verlieren. Da hilft schon ein kleines bisschen Umdenken! Nichts spricht

beispielsweise dagegen, dass man auch mit einem Säugling morgens frisch geduscht und in einem schönen Outfit in den Tag startet (→ Seite 13). Außerdem können Sie sich Schritt für Schritt Ruheinseln in Ihrem Tagesablauf schaffen, immer dann, wenn das Baby schläft (→ Seite 11 und Seite 15). Oder Sie spannen Ihren Partner gezielt ein (→ Seite 13). Sie werden sich wundern, durch welche Kleinigkeiten Ihre Laune sofort um 100 Prozent steigt!

Die Zeit im Krankenhaus

ERFAHRUNGSBERICHT

Kathrin (32) mit Sara

Nach Saras Geburt waren wir wie verzaubert: Mein Mann und ich wollten einfach nur dasitzen, ihren Babyduft einatmen, rätseln, wem sie ähnlich sieht. Und wenn sie schlief, hatte ich nur den einen Wunsch: das auch zu tun. Doch leider hatten wir zu beidem nicht viel Zeit: Ständig ging die Tür, und Besuch mit verzücktem »Ah«- und »Oh«-Gekreische strömte herein. Es waren alles liebe Leute, und ich bekam Berge von Blumen und Sara Berge von Geschenken, aber letztlich waren wir beide fix und foxi. Doch irgendwie brachte ich es nicht übers Herz, all den Familienmitgliedern und Freunden, die an meiner Schwangerschaft Anteil genommen hatten und denen ich vor der Geburt großzügig »Klar könnt ihr ins Krankenhaus kommen« versprochen hatte, im Nachhinein abzusagen. Beim zweiten Kind gehe ich es auf jeden Fall langsamer an.

Man ist ja so stolz, bevor das Baby überhaupt da ist. Und natürlich noch mehr, wenn das Kleine endlich das Licht der Welt erblickt hat. Natürlich möchte man das neue Familienmitglied den Verwandten und Freunden präsentieren. Aber es ist besser, nicht schon im Vorhinein Besuch ins Krankenhaus einzuladen. Auch wenn Sie sonst Besucher mögen, erleichtert es den Neustart mit Baby nicht gerade, wenn eine Horde Tanten dritten Grades anrückt … Den meisten Müttern ist Besuch in der Klinik schlicht zu viel – und eventuellen Zimmernachbarinnen übrigens erst recht. Keine kann vorher einschätzen, wie es ihr nach der Geburt gehen wird, ob sie Schmerzen hat, vom Babyblues geplagt ist oder das Glück ganz einfach erst mal im engsten Familienkreis genießen möchte. Noch ein kleiner Tipp: Verraten Sie auch den genauen Geburtstermin nicht. Sonst werden Sie mindestens vier Wochen vorher täglich mit »Ist es endlich da?«-Anrufen tyrannisiert.

»Ich melde mich«

Damit Ihnen Besucherhorden erspart bleiben, reagieren Sie am besten schon vor der Geburt zurückhaltend auf Besuchswünsche im Krankenhaus. Sagen Sie freundlich, aber bestimmt etwas wie: »Sei mir nicht böse, aber die erste Zeit in der Klink möchten wir wahrscheinlich ganz für uns genießen. Ich melde mich, wenn wir besuchsreif sind.« Besonders der letzte Satz ist wichtig. Ständiges Telefongeklingel kann sehr nervig sein, nicht nur wenn das Baby gerade eingeschlafen ist. Deshalb sollten Sie auch Ihre Telefonnummer im Krankenhaus nur wenigen Personen geben!

Der Partner als Torwächter

Eine wichtige Schlüsselrolle hat Ihr Partner: Machen Sie ihm Ihre Wünsche in Sachen Besuch stets deutlich. Denn er wird fast immer derjenige sein, der Familie und Freunde über die Geburt informiert und ab und an zu Hause per Telefon erreichbar ist. Sagen Sie ihm auch, mit welchen Alternativen er enttäuschte Besucher-Kandidaten trösten kann. Schließlich ist ein Besuch nicht die einzige Form, seine Freude über die Geburt auszudrücken: Das funktioniert zum Beispiel auch via Blumensendung, an der Pforte abgegebenen Glückwunschkarten oder per SMS (auch wenn im Krankenhaus Handys tabu sind, benutzt sie jeder wenigstens kurz). Haben Sie kein schlechtes Gewissen, wenn jemandem das nicht passt. Jeder Mensch mit ein bisschen Sensibilität wird Ihre Wünsche problemlos akzeptieren.

Besucher einteilen

Die Zeit im Krankenhaus wird trotzdem nicht völlig besuchsfrei bleiben. Soll sie ja auch nicht: Natürlich wollen und sollen in den meisten Fällen die (Schwieger-)Eltern ihr Enkelkind sehen, Geschwister ihre Nichte oder ihren Neffen, eventuell auch die beste Freundin ihr neues Patenkind. Je nachdem, wie SIE es wollen. Daher ist es sinnvoll, eine Art Besucher-Zeitplan für die Zeit in der Klinik aufzustellen. Ein Besuch vormittags, einer nachmittags, und das nicht unbedingt gleich am ersten Tag – mehr können frisch gebackene Mutter und Baby nur schwer verkraften.

Am besten sagen Sie Ihrem Besuch gleich dazu: »Es kann immer sein, dass wir leider spontan wegmüssen.« Oder dass Sie spontan **WEGWOLLEN**, um einen anstrengenden Besuch zu beenden. Im Krankenhaus gibt es viele Termine, die man als Fluchtweg nutzen kann. Gut geeignet sind zum Beispiel die Essenszeiten des Kindes, die vor allem, wenn man das Stillen erst lernen muss, leicht eine Stunde dauern können – und häufig der Hilfe einer Hebamme im Kinderzimmer bedürfen. Und eventuell bietet das Krankenhaus auch erste Rückbildungskurse an, an denen Sie schon teilnehmen möchten …

Bei Ihnen ist alles ganz anders – und Sie haben wider Erwarten Lust auf noch mehr Besuch? Nach der Geburt können Sie spontan immer noch Leute in die Klinik einladen. Kommen werden auch dann genug – garantiert!

Baby-Show zu Hause oder Cocooning zu dritt?

In der Klinik war alles noch wie in einer anderen Welt. Ihre Gedanken waren bestimmt von den noch ganz frischen Eindrücken der Geburt, im Notfall war Hilfe von Ärzten oder Schwestern jederzeit verfügbar, und es gab andere frisch gebackene Mütter, mit denen Sie sich austauschen konnten. Zu Hause empfängt einen der Alltag – und in vielen Fällen auch ein gewisses Gefühl von Überforderung. Es dauert ganz einfach, sich an den neuen Mitbewohner zu gewöhnen. Man ist nicht unbedingt in der Stimmung für die große Baby-Show. Deshalb gilt auch für die erste Zeit daheim: Sofort die Notbremse ziehen, wenn Sie sich unwohl fühlen!

Spontanbesuch und das liebe Sitzfleisch

Auch wenn man anstrengende Situationen leider nicht komplett verhindern kann, kann man gegensteuern. Und zwar, indem man klare Ansagen macht. Zuallererst haben Sie, und nicht Ihr Partner, und erst recht nicht irgendwelche Freunde oder Familienangehörige, gerade ein Baby zur Welt gebracht. Und deshalb dürfen auch Sie bestimmen, wie das gefeiert oder eben nicht gefeiert wird!

Am besten ist es, schon vor der Geburt deutlich zu signalisieren, dass Spontanbesuche in der ersten Zeit mit dem Baby unerwünscht sind. Und auch wenn Sie dann doch gerne Besuch einladen, besprechen Sie vorher am besten mit Ihrem Partner, wie das ablaufen soll. So ist es eigentlich ganz süß, wenn er im Überschwang seines Vater-Stolzes seine Kumpels bedrängt, noch länger zu bleiben. Aber in Ihrer momentanen Situation verkraften Sie einfach noch nicht so viel. Deshalb macht es Sinn, ihm vorher zu sagen, dass Sie sich auf den Besuch freuen, aber nach einer Stunde einfach kaputt sind, das Baby wieder stillen müssen und dazu gerne Ihre Ruhe hätten. Leider gibt es immer Gäste, die in ihrer Baby-Euphorie nicht auf Hinweise wie »Seid mir nicht böse, aber ich bin ziemlich kaputt…« reagieren. Vereinbaren Sie mit Ihrem Partner ein geheimes Zeichen oder einen bestimmten Satz, die ihm signalisieren, wann er die Gäste herauszukomplimentieren hat. Sie verschwinden dann abrupt im Bad oder Schlafzimmer, Ihr Mann sorgt dafür, dass Sie danach Ihre Ruhe haben. Noch besser: Sie laden Ihre Gäste gleich nur für eine bestimmte Zeit ein (»zum Kaffee von vier bis sechs«).

ERFAHRUNGSBERICHT

Lena (30)

Wir hatten uns alles so schön vorgestellt: Nach der Geburt hatte mein Mann zwei Wochen frei, und wir wollten unser Baby richtig feiern. Aber als wir dann zu Hause waren, hatte ich darauf plötzlich überhaupt keine Lust mehr. Aber mein Mann, ganz stolzer frisch gebackener Vater, lud etliche Freunde ein, die stundenlang bei uns Prosecco auf das Baby tranken und selbst dann keinerlei Anstalten machten zu gehen, als ich schon völlig k.o. im Sofa hing. Auch mein Mann hat meine Bedürfnisse in dem Moment nicht erkannt. Er ist sogar zwei Abende allein ausgegangen, weil ihm zu Hause »die Decke auf den Kopf« fiel, wie er sagte. Schon war unser erster Baby-Krach da.

Keine Übernachtungsgäste

Einschlägige Erfahrungsberichte frisch gebackener Eltern legen außerdem nahe, in der ersten Zeit nach Babys Geburt keinen Übernachtungsbesuch zu beherbergen. Glauben Sie uns: Sie werden noch nicht einmal die Kraft haben, Ihren Gästen Frühstück zu servieren. Das versteht sich eigentlich von selbst, aber sogar in dieser Situation wird mancher auf die Idee kommen, Ihr Gästezimmer beanspruchen zu wollen. Ihre Eltern, Schwiegereltern oder wer auch immer zum Babybesuch anreist, kann sich ausnahmsweise ein Hotel- oder Pensionszimmer nehmen. Trauen Sie sich, das Ihren Gästen zu vermitteln!
Die Ausnahme: Sie laden jemanden gezielt ein, weil Sie Unterstützung von dieser Person haben möchten. Dann sind Sie auch nicht Gastgeberin, sondern genießen den 24-Stunden-Support, den die Unterstützung durch eine Freundin, Mutter oder eine andere Vertrauensperson mit sich bringt.

Telefon ausschalten

Bewährt hat sich in der ersten Zeit mit Baby auch ein freundlicher Anrufbeantworterspruch wie: »Vielen Dank für Eure lieben Glückwünsche zur Geburt. Wir genießen im Moment die Zeit zu dritt und melden uns danach.« Sie müssen all die Anrufe kurz nach Ihrer Rückkehr aus dem Krankenhaus nicht sofort beantworten. Nutzen Sie die Pausen, die Ihnen das Baby gönnt, wirklich zum Relaxen. Wenn es Sie allerdings entspannt zu telefonieren, vielleicht auch weil es ein Stück Ihres alten Lebens für Sie bedeutet, können Sie die Babypausen natürlich auch dafür nutzen.

1 SCHLAF-PAUSE

2 LAUNEN KUNDTUN

Dem Babyblues Beine machen

Fast jede Mutter trifft früher oder später der Babyblues. Etwa 80 Prozent der frisch gebackenen Mütter kommen ein paar Tage nach der Geburt die Tränen – manchmal mehr, manchmal weniger heftig.

Schuld daran sind die starken hormonellen Veränderungen, die mit der Geburt einsetzen, sowie die völlig neue Lebenssituation, in der man sich plötzlich wiederfindet. Wenig Schlaf und der Rhythmus des Babys, der auf einmal das eigene Leben bestimmt, zehren an den Nerven.

Gesprochen wird über dieses Stimmungstief allerdings nur selten, schließlich wird ja von allen Seiten erwartet, dass man sich über das Baby freut!

Wenn Sie die vier Erste-Hilfe-Tipps (→ rechte Seite) beherzigen, sind im Normalfall Ihre Traurigkeitssymptome in zwei bis vier Tagen überwunden. Leidet eine Frau länger als zwei Wochen unter durchgehend gedrückter Stimmung, so ist das nicht mehr »bloß« der Babyblues, sondern ein Hinweis auf eine postnatale Depression. Ebenfalls ein Hinweis: Wenn der scheinbare Babyblues erst zwei bis drei Monate nach der Geburt einsetzt. In beiden Fällen sollten Sie Ihren Arzt kontaktieren. Erste Informationen bietet auch die Homepage des Vereins Schatten & Licht (→ Adressen, die weiterhelfen Seite 156).

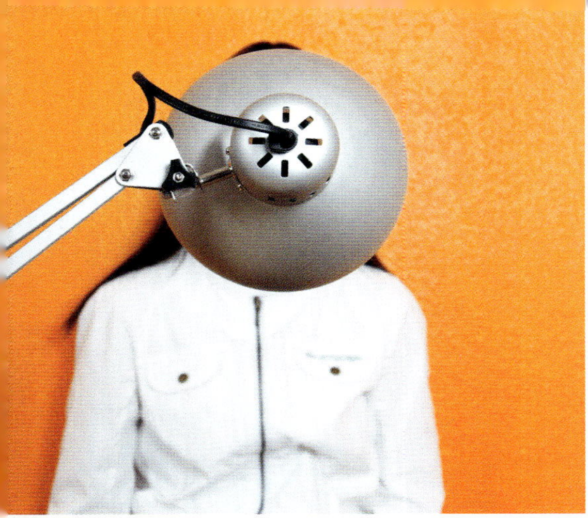

3 LICHT-KUR

4 ZEIT FÜR SICH

4 Tipps

1 EXTRAPORTION SCHLAF

Legen Sie sich unbedingt tagsüber hin, wenn das Baby auch schläft. Sie brauchen viel Ruhe, um sich von der Geburt zu erholen. Aber: Stehen Sie morgens regelmäßig auf, machen Sie sich frisch, und frühstücken Sie ausgiebig. Versuchen Sie auch, Ihnen lieb gewordene Bedürfnisse weiter beizubehalten, wie beispielsweise morgens die Zeitung zu überfliegen oder sich ein kleines Beauty-Programm zu gönnen.

2 EXTRAPORTION EHRLICHKEIT

Stehen Sie zu Ihrer miesen Laune, und teilen Sie diese dem Partner mit. Es tut gut, das Herz auszuschütten oder auch einfach loszuheulen. Jetzt ist sicher die falsche Zeit für übertriebene Tapferkeit. Reden Sie mit ihm, dann fällt es ihm auch leichter, Sie zu verstehen, zu unterstützen und Rücksicht zu nehmen. Männer sind in dieser Situation auch oft überfordert und brauchen etwas Starthilfe.

3 EXTRAPORTION LICHT

Sonne und Licht wirken Wunder für unsere Stimmung. Gehen Sie zur hellsten Zeit des Tages draußen spazieren. In der Wohnung sollten Sie für ausreichend Beleuchtung sorgen – orangefarbene Glühbirnen haben einen Wohlfühl-Effekt!

4 EXTRAPORTION ZEIT

Mindestens eine Stunde des Tages gehört nur Ihnen! Ihr Partner soll Ihnen das Kind in dieser Zeit abnehmen. Nutzen Sie diesen Freiraum, um Musik zu hören, mit der besten Freundin zu telefonieren, im Internet zu surfen oder in einer Zeitschrift zu blättern.

Einmal Verschnaufen, bitte

Wir alle sind Gewohnheitstiere. Nur merken wir das oft nicht, weil uns geliebte Rituale so selbstverständlich erscheinen, dass wir sie gar nicht als solche wahrnehmen. Gehen uns die Rituale aber alle auf einmal flöten, weil sich unser Tagesablauf von einem Tag auf den anderen komplett ändert, fehlt uns was. Und zwar nicht zu knapp. Und wenn man plötzlich zu dritt ist, sind nicht mal mehr zivilisationstechnische Errungenschaften wie das Duschen am Morgen selbstverständlich, ganz zu schweigen von einem Espresso beim geruhsamen Blick in die Zeitung.
Man kriegt es auch einfach nicht auf die Reihe, sich nett fertig zu machen und anzuziehen, denn erst mal muss das Baby versorgt werden. Und dann mag man selbst erst mal schnell etwas frühstücken. Und dann ruft die Schwiegermutter an. Und dann. Und dann … ist es plötzlich Abend, und man läuft immer noch in Jogginghose herum. Das ist in den ersten Tagen daheim ganz normal. Und auch völlig okay, solange wir uns damit wohl fühlen. Nur: Meist fühlt man sich damit schon nach kurzer Zeit eben nicht mehr wohl. Man ist genervt und frustriert.
Das ist genau der richtige Zeitpunkt, GELIEBTE RITUALE wieder zu aktivieren. Klar, man passt das Ritual den Bedürfnissen des Kindes an. Die Dusche betreffend heißt das: Man duscht nicht mehr stundenlang und nicht ausgerechnet dann, wenn das Baby morgens Hunger hat. Aber man tut es. Denn genauso wie dem oder der Kleinen eine Rundum-Versorgung zusteht, steht sie der Mutter zu.

Heute schon geduscht?

Am besten gehen Sie – wie »damals«, als Sie noch gearbeitet haben – in der Früh immer ungefähr zur gleichen Zeit ins Bad. Dann kann sich auch das Kind besser daran gewöhnen. Kinder sind nämlich noch extremere Gewohnheitstiere als wir. Springen Sie also nicht irgendwann kurz in die Dusche, wenn das Kleine sein Vormittagsschläfchen hält, sondern dann, wenn Sie mögen, beispielsweise immer so gegen 8.30 Uhr, wenn die erste Fütter-Wickel-Wasch-Runde vorbei ist. Auch im neuen

Leben mit Kind gibt es Momente, in denen nicht das Kleine, sondern die Mutter den Rhythmus vorgibt. Das Baby legen Sie – mit dem guten Gefühl, es bereits komplett versorgt zu haben – ins Körbchen oder in den Laufstall. Wenn es Sie beruhigt, stellen Sie es direkt vors Bad. Manchmal wird dem Kind das nicht passen, und es schreit. Wenn es nicht krank ist oder ähnliche Ausnahmesituationen dagegensprechen, duschen Sie trotzdem schnell. Das muss einfach drin sein. Sie sind keine Rabenmutter, wenn Ihr Kind mal kurz protestiert. Sie schaffen das nicht, das Gebrüll geht Ihnen an die Nieren? Probieren Sie folgenden Trick: Föhn einschalten! Viele Säuglinge fallen bei dem beruhigenden, an irgendeinen Sound im Mutterleib erinnernden Geräusch in eine Art Trancezustand und schlafen selig ein. So haben wir's gemacht: Um den Föhn nicht ständig heiß laufen zu lassen, haben wir eine Föhnkassette aufgenommen. Das Surren war in den ersten Wochen die absolute Lieblingsmusik unserer Kinder. Es ließ sich übrigens auch erfolgreich bei abendlichen Schreiphasen einsetzen. Mit ungefähr zwei Monaten funktioniert der Trick nicht mehr – das Gehör der Babys verfeinert sich, und sie fallen nicht mehr auf den Föhn herein.

Schlafpausen sinnvoll nutzen

Ein Kind wird Teil unseres Lebens – und bringt uns erst mal aus dem Tritt. Mit dem plötzlichen Fremdbestimmtsein durch das Baby haben fast alle Mütter Probleme. Umso wichtiger ist es, Ruheinseln für sich zu schaffen, wenn das Baby schläft. Und das tut es glücklicherweise in den ersten Wochen meist noch sehr viel, im Durchschnitt drei- bis viermal pro Tag.

Das Problem ist nur: Die meisten Mütter nutzen die Schlafpausen nicht optimal – und deshalb sind diese keine Ruheinseln, sondern stressen nur noch mehr. Hand aufs Herz, meist sieht es doch eher so aus: Das Baby schläft völlig unplanbar ein. Sofort rennen wir los und erledigen schnell die liegen gebliebenen Dinge im Haushalt, oder wir legen uns auch hin, um endlich den verpassten Schlaf nachzuholen. Das verstärkt das Gefühl, dass man nur noch wie ferngesteuert den Tag verbringt: Wenn die Wäsche gerade aufgehängt ist oder wir gerade die Beine hochgelegt haben, ruft das Baby schon wieder …

Die Schlafpausen Ihres Babys sinnvoll zu nutzen heißt vor allem, sich selbst in den Mittelpunkt zu stellen und die eigenen Bedürfnisse wichtig zu nehmen. Diese Zeit gehört Ihnen! Nehmen Sie sich erstens die Zeit, zu essen oder die Jogginghose auszu-

ERFAHRUNGEBERICHT

Christiane (32) mit Johanna

In den ersten Wochen wollte Johanna offensichtlich, dass ihre Mutter den ganzen Tag ungewaschen durch die Gegend lief. Sie weinte herzerweichend, sobald ich sie in das Körbchen legte, das ich extra vor die einen Spalt offene Badezimmertür geschoben hatte. Kein Schnuller, keine Spieluhr konnte die Kleine beruhigen. Das Duschen war für mich jedes Mal eine Zerreißprobe und wurde zu einer ziemlich hektischen Angelegenheit. Dann bekam ich den Tipp, es doch mal mit dem Föhn zu versuchen – das Surren soll einem Geräusch im Mutterleib ähnlich sein und wirkt beruhigend auf sehr junge Babys. Und tatsächlich: Solange der Föhn lief, war Johanna still – oder besser: Sie war hypnotisiert! Meine Tochter fiel in einen leichten Schlummer, aus dem sie erst aufwachte, wenn ich den Föhn wieder ausschaltete. Fortan hatte ich eine relaxte Zeit im Bad. Um den Föhn nicht überzustrapazieren, nahm ich ihr dann sogar eine Föhnkassette auf. Die half ihr auch, sich bei den abendlichen Schreiphasen schneller zu beruhigen! Als Johanna knapp zwei Monate alt war, funktionierte der Trick nicht mehr. Trotzdem weinte sie während meiner Morgentoilette nicht mehr, sie hatte sich an diesen Programmpunkt des Tages gewöhnt.

ziehen – das ist bei frisch gebackenen Müttern oft nicht selbstverständlich. Und versuchen Sie, zweitens, in den Schlafpausen wertvolle Energie zu tanken – unser Schritt-für-Schritt-Programm zeigt Ihnen, wie es geht.

Schritt für Schritt zur Ruheinsel

SCHRITT 1: Schreiben Sie Ihre alten Lieblingsgewohnheiten auf eine Liste, und planen Sie in den Schlafpausen Ihres Babys dafür Zeit ein. Für die gute Laune reicht es schon, wenn Sie sich eine oder zwei herausgreifen und diese umsetzen.
Hier ein paar Ideen für die Schlafpausen, die Spaß machen und nicht länger als 45 Minuten dauern:

- die aktuelle Tageszeitung, die Lieblingszeitschrift oder ein Kapitel im Buch lesen
- das persönliche Beauty-Programm beibehalten, z. B. mit einer Gesichtsmaske, Maniküre oder extra Körperpflege
- Rückbildungsgymnastik machen
- gute Freunde anrufen und kurz (!) quatschen
- einen Ausflug mit Baby vorbereiten und sich dafür hübsch machen
- das Baby im Kinderwagen einschlafen lassen und bummeln, shoppen, Eis essen oder Kaffee trinken gehen

SCHRITT 2: Wenn Sie sich Ihre ganz persönlichen Freiräume gesichert haben, können Sie die verbleibende Zeit Haushalt & Co. widmen – wenn Sie wollen. Denn in den ersten Tagen und Wochen ist nichts Pflicht! Auch hier heißt es mit den Schlafpausen sorgsam und nach Plan vorzugehen: Was kann man nicht machen, wenn das Baby wach ist?

DAS ERLEDIGEN SIE BESSER IN DEN SCHLAFPAUSEN IHRES BABYS:

→ Kochen, wenn's mal was Aufwändigeres sein soll.

→ Waschen, wenn Ihre Maschine nicht in der Wohnung, sondern im Waschkeller steht (Babyphon mitnehmen).

→ Aufräumen, weil man in der Zeit in Ruhe mal Ordnung schaffen kann.

SCHRITT 3: Damit die guten Vorsätze nicht nur solche bleiben, braucht man etwas Struktur: zum Beispiel mit einem Wochenplan, in den Sie die Anzahl der Schlafpausen an jedem Wochentag eintragen – und wie Sie sie nutzen wollen. Vielleicht für eine Lesepause, Maniküre oder ein kleines Gymnastikprogramm? Natürlich haben Babys in den ersten sechs Monaten meist noch keinen geregelten Schlafrhythmus. Der Planer hilft Ihnen jedoch, diese dann umso wichtigeren Momente in den Schlafpausen Ihres Babys für sich selbst gewinnbringend zu nutzen.

ERFAHRUNGSBERICHT

Christina (32)

Als mein Sohn sieben Monate alt war, sollte ich ein Seminar halten. Freitag bis Sonntag in Berlin – wir wohnen in München. Zunächst konnte ich mir überhaupt nicht vorstellen, mein Baby ein Wochenende lang allein zu lassen. Außerdem hatte ich noch nicht ganz abgestillt. Ich war drauf und dran abzusagen, als eine Kollegin, die bereits drei erwachsene Kinder hat, mich fragte, wo denn das Problem sei. Motiviert durch so viel Coolness habe ich zugesagt. Am Freitag kam die Oma zum Babysitten, den Rest des Wochenendes war mein Mann da. Auf den ersten Metern im Auto in Richtung Flughafen war mir entsetzlich elend zumute. Aber dann, mit jedem Kilometer mehr, stieg meine Vorfreude auf den Job, auf Berlin, zwei Nächte im Hotel und ein gigantisches Frühstücksbüfett. Im Gepäck hatte ich außer guter Laune auch noch eine Milchpumpe. Die Security am Flughafen in München staunte nicht schlecht, als ich das Stück aus meinem Handgepäck nahm. Rückblickend war alles ganz einfach – und hat allen gut getan. Man muss sich nur etwas überwinden und sich trauen.

Den Partner einbeziehen

Manchen jungen Müttern fällt es schwer, ihr Baby auch mal jemand anderem zu überlassen. Selbst wenn der Partner übernimmt, kann das manchmal ein Problem sein. Warum werden ganz normale Frauen plötzlich zu Überglucken? Viele Mütter sind so gefangen von den umwerfenden Erlebnissen der Schwangerschaft, der Geburt und der Fürsorge für das Baby, dass sie niemandem sonst zutrauen, sich gut um den Nachwuchs zu kümmern. Das kann schnell zu zwei ärgerlichen Entwicklungen führen:

→ Wenn Sie das komplette Babyprogramm allein absolvieren, besteht die Gefahr, dass sich Ihr Partner aus der Zweisamkeit von Mutter und Baby ausgeschlossen fühlt.

→ Man erkennt die am ehesten verfügbare Quelle für Unterstützung und Entlastung nicht: den Partner. Aber wer sich gegenseitig unterstützt, kommt besser und entspannter durch die ersten, anstrengenden Wochen.

Mit den folgenden sechs Tipps gelingt es Ihnen, Ihren Partner von Anfang an mehr in die Babypflege einzubeziehen und so hoffentlich regelmäßig wichtige Unterstützung von ihm zu erhalten.

1 Wenn möglich, sollte sein Urlaub nach der Geburt beginnen oder wenn Sie mit dem Baby aus dem Krankenhaus nach Hause kommen. So können Sie die ersten, etwas anstrengenden Tage gemeinsam meistern und sich gegenseitig Freiräume schaffen, indem Sie beispielsweise abwechselnd in den »Schreiphasen« das Baby herumtragen oder er einen Arzttermin mit dem Kind wahrnimmt. Im Krankenhaus kann Ihr Mann die Babypflege auch schon gleichzeitig mit Ihnen lernen, zum Beispiel im Familienzimmer.

2 Lassen Sie Papa und Baby auch mal allein. Wenn Sie unsicher sind, dann fangen Sie an einem Wochenende für ein, zwei Stunden an, und dehnen Sie die Abwesenheit – wenn Sie abpumpen oder nicht mehr stillen – aus. Das gibt ihm mehr Sicherheit und Vertrauen, und er kann auch einmal ganz für sich allein diese neue Liebe und das kleine Wesen entdecken.

3 Fordern Sie Ihre Bedürfnisse ein – und besprechen Sie mit Ihrem Partner, wie er Sie dabei unterstützen kann. Zum Beispiel könnte er die Bewirtung und die Babybetreuung übernehmen, wenn Sie Besuch von Ihren Freundinnen bekommen. Umgekehrt gilt natürlich dasselbe – springen Sie ein, wenn er seine Interessen anmeldet!

1

4 Motivieren Sie Ihren Partner, ein eigenes Ritual einzuführen, das für ihn und das Baby reserviert ist – die Bauchmassage, das erste Fläschchen morgens (wenn Sie nicht mehr stillen), die Gute-Nacht-Geschichte usw. Das tut den beiden gut – und Ihnen auch, weil das einplanbare freie Zeit für Sie selbst bedeutet!

5 Wenn Ihr Partner unsicher im Umgang mit dem Baby ist, bei Schreiattacken kapituliert und sich nicht traut, allein mit ihm zu bleiben, braucht er Hilfe, und zwar am besten die eines erfahrenen Vaters aus dem Freundes- und Bekanntenkreis, der ihn unterstützt. Der erfahrenere Vater könnte Ihrem Partner auch zur Seite stehen, wenn dieser das erste Mal mit dem Baby allein ist.

6 Nehmen Sie sich Ihren Partner als Vorbild: Männer artikulieren in der Regel viel deutlicher als Frauen, was sie wollen. Sie sagen einfach so was wie »Ich brauche mal wieder einen Abend zum Fußballspielen«, während unsereins doch noch häufig jeden Wunsch von den Augen abgelesen haben möchte. Wer sich hier den Partner als Vorbild nimmt, wird einen Riesengewinn erzielen. Und Platz für die persönlichen Wünsche ist immer – auch wenn es am Anfang erst mal nur die Stillpause ist. Also los: »Ich brauche Ruhe und lege mich eine Stunde in den Park!«

Baby-Realität und Baby-Illusionen

Viele Eltern haben beim ersten Kind typische Illusionen. Kein Wunder, dass spätestens nach ein paar Wochen Realität und Wunschtraum auseinanderklaffen – diesen hohen Ansprüchen kann kein Baby gerecht werden! Jedes Baby hat außerdem wie wir auch gute und schlechte Tage – und braucht in jeder Tagesform unsere Zuwendung. Dass die lieben Kleinen schon jetzt ihren eigenen Kopf haben, merkt man auch an ihren individuellen Vorlieben und Abneigungen: Ob Ihr Baby viel weint oder nicht, ob es ständig herumgetragen werden möchte oder auch mal friedlich wach im Bettchen liegt, ob es Besuch von fremden Menschen mag oder am liebsten nur mit seinen Eltern kuscheln möchte – versuchen Sie herauszufinden, wie Ihr Baby tickt und was es besonders mag oder nicht mag, statt Ihren Illusionen nachzutrauern.

Illusion Nr. 1: »Das Kind ist die Krönung unserer Liebe.«

Dies ist eine viel zitierte Weisheit, die allerdings nur bedingt die Realität von Paaren trifft, die gerade ein Baby bekommen

Dr. med. Susanne Mikorey-Lechner ist Fachärztin für Frauenheilkunde und Geburtshilfe in München. Um von ihr behandelt zu werden oder bei ihr zu entbinden, reisen Patientinnen aus der ganzen Welt an. Sie hat in München studiert und in den USA und Italien gearbeitet.

Erkennen Sie einen Trend, wie Frauen mit dem Mutterwerden umgehen?

Viele Frauen sind extrem vorsichtig – das liegt nicht zuletzt daran, dass viele heute Mitte 30 sind, wenn sie ihr erstes Kind erwarten. Außerdem wachsen die Kinder häufig in ein stark leistungsorientiertes Umfeld hinein. Mütter und Väter wollen alles richtig machen, das geht schon in der Schwangerschaft los.

Wie versuchen Frauen denn »alles richtig zu machen«?

Das heißt zum Beispiel, dass sie sich stark an den aktuell geltenden Vorgaben orientieren, was man als Schwangere oder Wöchnerin zu tun oder zu lassen hat. Gerade fordert der Zeitgeist, dass alles natürlich abläuft – von der Geburt bis zum Stillen. Das geht zum Teil so weit, dass sich die frisch gebackenen Mütter darüber identifizieren, wie gut ihre Milch fließt.

Unterscheiden sich hier deutsche Mütter von Müttern in anderen Ländern?

Nach meiner Erfahrung: ja. Mütter in anderen Ländern folgen stärker ihrer Intuition. Denn was für jede Frau im Einzelnen gut ist, kann nur sie selbst entscheiden – und nicht der Zeitgeist oder die aktuell postulierten Mütterbilder. Ich stelle fest, dass es gerade diese Ideale sind, die Frauen unheimlich unter Druck setzen. Zum Beispiel belastet es die meisten Mütter, wenn sie ein Kind per Kaiserschnitt statt spontan zur Welt bringen mussten oder nicht stillen können. Sie sollten viel mehr Mut haben, der eigenen Natur zu folgen und weniger den »offiziellen« Idealen nachzuhängen.

Mama darf egoistisch sein. Was heißt das für das Wochenbett?

Mama SOLL egoistisch sein. Sie ist das Zentrum der Familie. Geht es der Mutter gut, geht es auch allen anderen gut. Leider stelle ich immer wieder fest, dass sich um die Mütter zu wenig gekümmert wird. Meine Erfahrung: Sie brauchen viel weibliche (!) Unterstützung nach der Geburt.

Von Männern ist hier keine Rede. Denken Sie, dass Frauen bessere Partner fürs Wochenbett sind?

Vom Partner sind Unterstützung, Sicherheit und Schutz gefordert. Es zeigt sich jedoch leider immer wieder, dass viele Väter etwas hilflos sind. Das führt dann manchmal sogar so weit, dass sich die Wöchnerinnen neben dem Baby auch sonst um alles kümmern. Krisen sind da vorprogrammiert, ob Babyblues oder echte Depression. Da ich nichts von Vorgaben und überzogenen Erwartungen halte, muss man pragmatische Lösungen finden. Und hier meine ich, dass die eigene Mutter – soweit man sich mit ihr gut versteht – oder eine gute Freundin, die schon ein Kind hat, den Frauen emotional näher sind als jeder Mann.

Nach der Geburt kann auch das Thema Sex die Beziehung belasten. Was raten Sie den Müttern?

So lange man stillt, produziert der Körper keine Östrogene – das heißt, man kann auch kaum Lust empfinden. Dazu kommt der unregelmäßige Schlafrhythmus. Der Körper schützt sich auf diese Weise vor einer erneuten Schwangerschaft, die zu diesem Zeitpunkt für die Frau schlicht zu anstrengend wäre. »Stillen ist wie Gehirnwäsche« – klingt etwas drastisch, bringt es aber auf den Punkt. Für die Frau sind während dieser Zeit eben andere Themen aktuell als Sex. Das muss eine Beziehung aushalten können.

Eine Tantra-Meisterin wurde in einer Frauenzeitschrift zitiert mit »Sex ist erst drei Jahre nach der Geburt wieder schön«. Entspricht das Ihrer Erfahrung?

Das ist auch eine rein körperliche Frage: Schmerzt die Scheide nach der Geburt? Stillt die Frau noch? Empfindet sie ihren Körper als unattraktiv? Und so weiter. Drei Jahre ist sicher sehr lang. Deshalb das andere Extrem, um die Bandbreite der Erfahrungen zu zeigen: Eine Patientin, die schon abgestillt hatte, wollte eine Woche nach dem Kaiserschnitt wieder Sex.

haben. Viele Eltern stehen nach der Geburt vor Problemen, auf die sie nicht vorbereitet waren: Sie streiten mehr, sind gestresst und fühlen sich einander entfremdet. Viele Ehen geraten nach der Geburt des Kindes in eine Krise. In einer Studie des Familienforschers Prof. Wassilios E. Fthenakis berichten zwei Drittel der Befragten, dass durch Kinder die sexuelle Freude und die Aufmerksamkeit und Zuwendung des Partners nachgelassen haben. Das Baby fordert die ganze Aufmerksamkeit, die Eltern fühlen sich oft völlig erschöpft.

TO DO: Gerade wenn Sie das Gefühl haben, alles drehe sich nur noch ums Kind, sollten Sie sich als Paar wieder wichtiger nehmen und gezielt gegensteuern. Planen Sie eine gemeinsame Mahlzeit ein, wenn das Baby im Bett ist. Gehen Sie möglichst oft abends gemeinsam schlafen, um Zeit für Gespräche und Zärtlichkeiten zu haben. Oder nutzen Sie den Vorteil, dass das Kleine auch im Kinderwagen gut schläft, und machen Sie einen kleinen Abend- oder Nachtspaziergang zu dritt.

Illusion Nr. 2: »Unser Baby ist ein Engel.«

Sie kommen nach Hause, präsentieren der Familie, Freunden und Nachbarn stolz Ihr Baby, das in seinem hübschen Strampler glucksend und zufrieden in die Welt blickt. Diese Szenen spielen sich meist nur in den Tagträumen werdender Eltern ab – selten werden sie in den ersten Tagen auch wahr. Denn wenn das Kleine nach Hause kommt, haben meist alle mit der Umstellung und den Eingewöhnungsschwierigkeiten zu kämpfen. War das Baby im Krankenhaus ruhig und entspannt, verstören es vielleicht die ungewohnten Gerüche und die neue Umgebung. Bei einigen Babys beginnen jetzt die Bauchschmerzen – die Dreimonatskoliken oder schlicht Blähungen. Das Baby schreit und zerrt an den Nerven der Eltern, die es stundenlang herumtragen – und sich dennoch nur kurze Schreipausen erarbeiten. Es ist unglaublich, wie laut und anhaltend so ein kleiner Engel schreien kann …

TO DO: Bereiten Sie sich auf diese Schreiphasen vor, und starten Sie das SOS-Programm (→ Seite 23).

Illusion Nr. 3: »Ich habe das allein im Griff.«

»Alles ist nur eine Frage der Organisation« – das funktioniert, BEVOR ein Kind auf die Welt kommt! Nach der Geburt stellt man schnell fest, dass sich nicht alles planen und perfekt steuern lässt. Es ist zum Beispiel drei Uhr nachmittags, und Sie sind noch immer nicht geduscht und haben nicht gegessen. Wahrscheinlich haben Sie stundenlang das schreiende Baby herumgetragen und sind mit ihm zusammen erschöpft auf dem Sofa eingeschlafen.

Und jetzt haben Sie keinen Plan, wie Sie an ein Abendessen kommen.

TO DO: Scheuen Sie sich nicht, jetzt andere um Hilfe zu bitten. Werfen Sie falschen Stolz über Bord, selbst wenn Sie den Eindruck haben, dass bei anderen der Start mit Baby ganz leicht lief. (Der Eindruck täuscht.) Jeder packt gerne mit an – und viele warten wirklich nur darauf, helfen zu können! Bitten Sie Verwandte oder Freunde darum, einmal am Tag mit dem Kind im Kinderwagen spazieren zu gehen. Fragen Sie die Nachbarin, ob sie Ihnen etwas vom Supermarkt mitbringt. Fragen Sie Ihre Mutter/Schwiegermutter oder Tante, ob sie einmal in der Woche für Sie etwas kochen kann. In dieser Zeit können Sie sich in Ruhe um sich selbst kümmern.

TIPP

SOS bei Schreiphasen

→ ERSTENS: Auf einem großen Gymnastikball mit dem Baby im Arm hüpfen. Das entspannt Ihr Kind, weil es an die federnden Bewegungen im Bauch erinnert wird. Und der Ball entlastet Sie vom langen Herumtragen und schont Ihren Rücken.

→ ZWEITENS: Ein »Baby Egg« bestellen (in Deutschland über www.ebay.de erhältlich). Es bietet eine babygerechte Geräuschkulisse, wenn es in Ihrer Wohnung zu still ist. Babys lieben Geräusche, weil sie durch das Rauschen und Glucksen im Bauch und den Lärm im Krankenhaus daran gewöhnt sind. Schalten Sie alternativ die Dunstabzugshaube, den Föhn oder den Staubsauger ein. Statt einer Föhnkassette (→ Seite 15) können Sie auch mit einem Mikrofon am Computer eine Föhn-CD aufnehmen.

→ DRITTENS: Erwärmen Sie ein Kirschkernkissen, und legen Sie es auf den Bauch Ihres Babys. Die Wärme entspannt bei Bauchschmerzen und Unruhe.

→ VIERTENS: Kümmern Sie sich in den Schreiphasen abwechselnd mit Ihrem Partner um das Baby. Wer gerade Pause hat, verlässt die Wohnung – denn nur wer wirklich nichts hört, kann in dieser Zeit neue Kraft tanken und sich erholen.

Um Hilfe bitten

Ein Drittel der jungen Leute in Deutschland möchte heute keine Kinder. Wir sind davon überzeugt, dass das nicht nur an zu wenigen Krippenplätzen oder mangelnder finanzieller Unterstützung liegt, sondern ganz oft auch an Kleinigkeiten. Besonders die Unterstützung und Hilfe, die man als frisch gebackene Eltern erfährt (oder eben leider nicht erfährt), ist ein entscheidender Faktor. Und auch, ob wir uns mit Kind entspannt bewegen können oder sich unsere Umgebung zunehmend kinderfeindlich gebärdet.

»Wir müssen Eltern die Sicherheit geben, dass sie und ihre Kinder gerne gesehen sind – im Wohnhaus, auf der Straße, im Restaurant oder am Arbeitsplatz«, sagt auch Albin Nees, Präsident des Deutschen Familienverbands. Und hier besteht noch großer Handlungsbedarf.

Hilfe von Profis

Für die neue Mama gibt es einige Hilfen von Profis, auf die sie sich verlassen kann: Erst mal die Nachsorge-Hebamme – sie sollte man bereits vor der Geburt kontaktieren (Adressen → Adressen, die weiterhelfen, Seite 155, oder über das Krankenhaus, in dem Sie entbinden möchten).

In besonderen Fällen, wie bei Wundheilungsstörung, großer Erschöpfung oder Stillproblemen, bekommt man von der Krankenkasse sogar die Kosten für eine Haushaltshilfe erstattet. Bis sechs Tage nach einer Spontangeburt und bis zu vierzehn Tage nach einem Kaiserschnitt ist dafür kein Attest nötig, vorausgesetzt Sie sind alleinerziehend oder Ihr Partner arbeitet. Nach dieser Frist benötigen Sie in jedem Fall ein Attest von der Hebamme oder vom Arzt.

ERFAHRUNGSBERICHT

Julia (28)

Ich hatte eine Freundin besucht und musste die nächste Bahn kriegen, um rechtzeitig für die nächste Stillrunde zu Hause zu sein. Mit dem Kinderwagen stand ich verzweifelt vor dem Abgang zum Bahnhof – und wartete vor einer Rolltreppe mit wechselnder Laufrichtung. Die Leute unten sahen mich oben stehen und fuhren dennoch weiterhin unbeirrt nach oben. Ich fragte dann einen Mann, ob er mir – unten angekommen – nicht helfen würde, die Leute unten auf die Treppe umzulenken, damit ich endlich mit der Rolltreppe hinunterfahren konnte. Nein, tat er nicht. Ich verpasste die Bahn und war extrem wütend – aber leider zu schwach, um dem Mann meine Meinung zu sagen.

Hilfe von Familie und Freunden

Nehmen Sie jetzt Hilfe an, wo immer sie sich bietet: Spannen Sie die Familie und Freunde ein, indem Sie sie bitten, für Sie zu kochen, einzukaufen oder das Baby auszufahren. Selbst ein längerer Besuch der (Schwieger-)Mutter, der sonst vielleicht eher anstrengend war, kann auf einmal extrem hilfreich und angenehm sein. Lehnen Sie Hilfsangebote gleich welcher Art nie kategorisch ab! Warten Sie erst mal ab, wie Sie sich nach den ersten Wochen mit Baby fühlen – und sagen Sie dann zu oder ab.

Hilfe unterwegs

Wenn man nicht gerade das Pech hat, an einen Rüpel ohne jegliche Manieren zu geraten (siehe Erfahrungsbericht), kann man mit ein paar Kniffen das Helferpotenzial der Mitmenschen wecken. Wichtig ist es, die Personen immer direkt anzusprechen und klar zu formulieren: »Ich brauche Ihre Hilfe«! Wer wartet, bis jemand von allein die (Not-)Lage erkennt, wartet unter Umständen vergebens. Lassen Sie sich von schlechten Erfahrungen nicht entmutigen. Denken Sie weiter positiv, und bewahren Sie sich Ihre Offenheit für neue Erlebnisse: »Nachdem mein Frust über das unschöne Erlebnis verraucht war, habe ich das nächste Mal eine extra Portion Charme draufgelegt – und gewonnen!«, sagt Julia (→ Erfahrungsbericht). Tendenziell sind vor allem junge Männer, allerdings keine Teenager, besonders hilfsbereit – das belegt zwar keine Statistik, es basiert aber auf unseren Erfahrungswerten. Und: Lassen Sie sich nicht aus der Ruhe bringen. Wenn Sie mit Ihrem Kinderwagen samstags durch die volle Innenstadt, über das Volksfest oder in den Biergarten fahren, werden Sie bei unentspannten Zeitgenossen sicher ein bisschen Unmut erregen. Deshalb zu Hause bleiben? Nein! Setzen Sie lieber eine Sonnenbrille auf – dann fühlen Sie sich gar nicht angesprochen von tadelnden Blicken.

So werden Sie autark

Noch unabhängiger von fremder Hilfe werden Sie mit diesen beiden Tipps:

→ EINE TRAGEHILFE (OB TUCH ODER BABYBJÖRN & CO.) macht Sie mobil – selbst im größten Getümmel und bei Strecken mit vielen Treppen.

→ TESTAUSFLÜGE, AUF DENEN SIE IHREN KINDERWAGEN AUSPROBIEREN. Geübte Mütter lassen ihn über Treppen gleiten (beim Kauf schon auf eine gute Federung und Luftbereifung achten!), schieben ihn locker auf Rolltreppen und durch enge Stuhlreihen in Restaurants. Als frisch gebackene Mutter muss man das erst üben. Am besten Sie machen, bevor Sie das erste Mal allein losziehen, am Wochenende einen Ausflug mit dem Partner oder einer Freundin und Ihrem Baby und testen und probieren zu zweit mit dem Kinderwagen alles aus.

Die besten Tipps & Tricks gegen das Baby-Chaos

Mit einem Neugeborenen verbringt man plötzlich fast den ganzen Tag zu Hause. Kochen, putzen, waschen – man fühlt sich wie die Klischee-Hausfrau aus den Filmen der 50er Jahre. Doch es hilft ja nichts, mit Baby fällt daheim eben einfach x-mal so viel Arbeit an. Auf den folgenden Seiten verraten wir Ihnen viele SOS-Tricks, wie Sie bei kleinerem und größerem Baby-Chaos klarkommen.

Haushalten mit der Hausarbeit!

Mittagessen kochen statt es in der Kantine vorgesetzt zu kriegen, Karottenflecken aus dem Teppich entfernen statt das Business-Kostüm in die Reinigung zu bringen, überall herumliegendes Spielzeug statt geschmackvoll präsentierter (aber leider zerbrechlicher!) Wohn-Accessoires: Solche Herausforderungen des neuen Lebens zu Hause gefallen wohl den wenigsten von uns. Und wenn man dann mal wieder, zusätzlich zu den anderen Jobs, im Küchen-Chaos versinkt, schleicht sich nicht selten eine Portion Neid ein: Wo steckt eigentlich der Partner? Bald ist der Beziehungskrach nicht mehr weit… Leider helfen so trübe Gedanken nicht weiter. Es müssen Lösungen her, sonst fühlen wir uns in der eigenen Wohnung nicht mehr wohl!

Zum Glück ist es tatsächlich möglich, auch mit wenig Aufwand das Baby-Chaos einzudämmen. Zum Beispiel, indem man pfiffige Hausmittel gegen die unmöglichsten Flecken-Varianten einsetzt (→ Seite 28) oder auch beim Kochen richtig Zeit spart (→ Seite 27 ff.). Es gibt tatsächlich wirklich schnelle Rezepte, die man sogar Besuch servieren kann.

Das Wichtigste: Streichen Sie die Bilder der perfekten Werbemütter aus Ihrem Kopf – diese existieren in der Realität nicht. Wer beispielsweise meint, bloß weil man jetzt vielleicht mehr zu Hause ist, plötzlich früher undenkbare Extra-Arbeiten wie Marmelade-Einkochen oder Plätzchenbacken auch noch erledigen zu müssen, den holen schnell Hausmütterchen-Klischees ein. Wir bewahren Sie vor der Supermutti-Falle (→ Seite 37 ff.)! Mut zur Lücke und eigenen Wegen, so lautet auch unser Motto in Sachen Haushalt!

Von wegen kalte Küche!

Solange der Partner noch Baby-Urlaub hat, ist in den meisten Fällen kulinarisch die Versorgung gesichert. Doch sobald er wieder zurück in den Job muss und Sie das Baby in der Elternzeit zum ersten Mal völlig allein managen, sieht's in Sachen Ernährung eher mau aus. Außer Sie sind eine der wenigen Glücklichen, deren Liebster sich abends nach dem Büro an den Herd stellt und für Sie beide kocht.
Machen wir uns nichts vor: Häufig lautet der Speiseplan neuer Mütter über Wochen »Hier ein Käsebrötchen, da ein Stück Schokolade, und beim Spazierengehen im Vorbeigehen an der Bäckerei ein Plunderhörnchen geschnappt«. Mit Argumenten wie »Eine stillende Mutter braucht vernünftiges Essen« wollen wir uns hier nicht groß aufhalten – wie GESUNDE ERNÄHRUNG aussieht weiß theoretisch jeder selbst. Aber in der PRAXIS klappt's einfach nicht mit einem schreienden Baby im Arm. Und spätestens wenn man die früher verhasste Büro-Kantine vermisst, ist klar: Es muss sich etwas ändern!
Aber wie? Wie um alles in der Welt soll man es schaffen, neben Babypflege und dem Nötigsten im Haushalt noch ein Essen zu zaubern? Etwa indem man die wenige, kostbare Zeit, in der das Baby schläft, vor dem Herd steht? Diese Frage werden mit Sicherheit nur passionierte Hobbyköchinnen mit Ja beantworten. Keine Sorge: Es gibt verschiedene Alternativen.

ERFAHRUNGSBERICHT

Steffi (31)

Die ersten Wochen mit Baby habe ich es schlicht nicht geschafft zu kochen. Obwohl ich es mir immer wieder fest vorgenommen habe, gab es dann immer Wichtigeres – und es macht ja auch keinen Spaß, allein zu essen. Hunger hatte ich allerdings fast immer, das Stillen schien ziemlich an meinen Ressourcen zu nagen. Es mag dekadent klingen, aber ich habe mir fast jeden Tag was vom Italiener um die Ecke geholt.

1 LA DOLCE VITA

Pizza oder Nudelgerichte beim Italiener zu bestellen, ist ein ziemlich teurer Spaß, aber zumindest ist bestelltes Essen eine Möglichkeit, gelegentlich an »etwas Gescheites« zu kommen.

2 DAS GUTE ALTE VORKOCHEN

Eine zweite Möglichkeit ist das Vorkochen. Wer viel Gefrierplatz hat, kann das sogar schon in den letzten Schwangerschaftswochen tun: Einfach immer von Lasagne oder Ähnlichem die doppelte Portion ko-

10 Hausmittel gegen Karottenflecken & Co.

Das Baby spuckt den Karottenbrei auf sein neues T-Shirt. Beim Zähneputzen landen die Zahnpastareste auf Mamas Bluse. Kaum hat das Kleine die ersten Stifte erwischt, werden sie an der schönen weißen Wand ausprobiert. Was tun? Jetzt ist unkomplizierte Hilfe gefragt. Wir haben die besten Tipps zusammengestellt.

1. Karottenflecken

Soforthilfe für unterwegs, wenn der Fleck noch frisch ist: mit einem Babyfeuchttuch einreiben, bis fast nichts mehr zu sehen ist. Zu Hause die Kleidung dann waschen und in die pralle Sonne hängen – das zieht jeden Karottenfleck raus.

2. Rote-Früchte-Flecken

Den Stoff mit den Flecken (z. B. von Kirschen, Erdbeeren) in einem Teller Milch einweichen und etwa 20 Minuten warten. Danach unter fließendem Wasser auswaschen. Bei hartnäckigen Flecken wiederholen.

3. Flecken aller Art

Das Hausmittel schlechthin gegen Flecken aller Art: Gallseife. Flecken befeuchten und mit der Seife einreiben, einwirken lassen (vorher Farbechtheit prüfen!). Noch ein Tipp: Flecken mit Glasreiniger besprühen und Kleidung in die Sonne hängen. Oder Flecken ganz einfach mit besonders sprudelndem Mineralwasser behandeln. Die Kohlensäure arbeitet sich Schritt für Schritt durch den Fleck.

4. Tomatensauce auf dem Teppich

Pulverwaschmittel auf den Fleck streuen und mit einer kleinen Bürste und warmem Wasser aufschäumen. Etwa 30 Minuten einwirken lassen und mit einem frischen, feuchten Lappen abreiben.

5. Flecken auf hellem Teppich

Flüssigen Zitronensaft (ohne Fruchtfleisch!) oder Mineralwasser mit Kohlensäure auf ein helles, sauberes Tuch geben und damit den Fleck behandeln.

6. Fettflecken an der Wand

Aus Speisestärke und Wasser eine Paste anrühren und auftragen. Einige Stunden einwirken lassen, dann mit einer sauberen Bürste abbürsten. Falls nötig einfach wiederholen. Speisestärke wirkt übrigens auch bei Fettflecken auf der Kleidung: Den Fleck auf der trockenen Kleidung dick mit Speisestärke bestreuen. Einwirken lassen und dann ausbürsten.

7. Flecken an der Wand

Mit einem Radiergummi kann man Flecken an der Wand (z. B. Schmutzflecken) einfach wegrubbeln. Besonders praktisch: Sogenannte Zauberradierer einiger Firmen entfernen Flecken zum Beispiel auf Tischen, an Wänden, Lichtschaltern usw.

8. Zahnpasta auf der Kleidung

Augen-Make-up-Entferner löst hartnäckige Zahnpastareste auf der Kleidung.

9. Thermoskannen oder Trinkflaschen putzen

Die Flaschen mit Reis halb voll füllen und kaltes (!) Wasser dazugeben, verschließen. Jetzt oft und fest schütteln. Fertig!

10. Entkalken von Küchengeräten

Ebenso wie Wasserkocher oder Kaffeemaschinen kann man auch Sterilisatoren oder Babykostwärmer mit Essig-Essenz entkalken: Wasser mit einigen Spritzern Essig-Essenz in das Gerät einfüllen. Einwirken lassen. Für noch besseren Effekt Gerät einschalten und das Wasser anschließend abgießen. Mit klarem Wasser gründlich nachspülen, Gerät nochmals mit klarem Wasser laufen lassen.

chen und einen Teil einfrieren. Wenn Sie keine Gefriertruhe haben, können Sie jeweils am Wochenende – wenn der Partner Sie unterstützt – wenigstens für die nächste Woche vorsorgen. So haben Sie immer wenigstens zwei Portionen im kleinen Gefrierfach. Spätestens in dem Moment, in dem Sie sich über das vorgekochte Essen freuen, werden Sie das auch nicht mehr spießig finden. Versprochen!

3 FERTIGFUTTER

Eine Variante des Vorkochens sind tiefgekühlte Fertiggerichte. Hier gibt es inzwischen gesunde Alternativen mit viel Gemüse oder Fisch, die Sie blitzschnell in der Mikrowelle garen können.

4 ESSEN AUF RÄDERN

Variante vier ist sicher die angenehmste – weil mit sozialem Kontakt verbundene – Möglichkeit: Sie laden Besuch ein und bitten ihn, das Essen selbst mitzubringen. Statt üblicher Mutti-Mitbringsel wie Blumen oder Pralinen wünschen Sie sich ganz einfach eine warme Mahlzeit. Die selbst gemachte Spaghettisauce der Schwester, die Gemüsesuppe der besten Freundin oder Mamas Rouladen – vermutlich schmecken sie Ihnen nie wieder so gut wie aufgewärmt im Säuglings-Chaos!

Bei allen Varianten gilt: Kasteien Sie sich in dieser ersten Zeit mit Baby nicht, um endlich wieder in Ihre Lieblingsjeans zu passen (→ Seite 69 ff.). Lasagne und Konsorten sind sicherlich keine Schlankheitskost, aber nach der anstrengenden Geburt haben Sie sich eine Kalorienbombe verdient. Und Baby-Management plus das Stillen zehren ungemein. An Ihre Figur können Sie später denken, wenn sich der neue Baby-Alltag eingespielt hat.

Schnell gemacht, selbst gekocht

Aufwändiges Kochen und Menüfolgen aus opulenten Kochbüchern? Normal, wenn man sich als Pärchen einen schönen Abend machen will oder Gäste kommen. Aber leider für frisch gebackene Eltern schlicht unrealistisch. Die Alternative muss aber nicht immer Tiefkühlpizza sein. Mit ein paar Tricks lässt sich auch selbst gekochtes Leckeres schnell zubereiten.

Es gibt unserer Meinung nach keinen besseren Tipp als den, Gerichte zu kochen, die aus dem Ofen kommen. Oder Gerichte wie unsere Küchen-Quickies, die ganz schnell zubereitet sind und auch eine Wartezeit bis zum Verzehr vertragen. Falls Sie etwas warm halten möchten, dann am besten im Backofen bei 50 Grad. Die Speisen bleiben saftig, wenn sie mit Alufolie abgedeckt werden. Keinesfalls die Heißluft anschalten, denn die trocknet aus!

Vier Küchen-Quickies

→ MARIAS PUTENSCHNITZEL: Für vier Personen ein bis zwei Zucchini in Scheiben schneiden und in eine gefettete, feuerfeste Auflaufform legen. Salzen und pfeffern. Drei Putenschnitzel dritteln und ebenfalls mit Salz und Pfeffer würzen. Auf die Zucchini legen. Darauf erst eine Lage in Scheiben geschnittene Tomaten und dann Mozzarella legen. Jetzt eine Sauce anrühren aus einem halben Becher Sahne, einem Becher Crème fraîche und einer Ecke Kräuter-Schmelzkäse. Alles verrühren, mit Salz, Pfeffer und Thymian würzen und in die Form gießen. Im vorgeheizten Backofen bei 160 Grad etwa 45 Minuten backen. Lässt sich wunderbar vorbereiten und kann auch etwas länger im (ausgeschalteten) Ofen stehen bleiben.

→ DER SCHNELLSTE RÄUCHERLACHS DER WELT: Ca. 150 g Räucherlachs pro Person anrichten. Sahnemeerrettich mit gehacktem Dill mischen und mit Pellkartoffeln oder Kartoffelpuffern aus der Tiefkühltruhe servieren.

→ FISCH IM GRÜNEN KLEID: Für vier Personen eine Packung Blattspinat aus der Tiefkühltruhe mit einer klein gehackten Zwiebel (wer stillt, kann die Zwiebel einfach weglassen) dünsten, etwas salzen, evtl. eine kleine Prise Muskat hinzufügen und in der Auflaufform verteilen. Tiefgefrorenen Fisch (z. B. Lachsfilets oder andere festfleischige Sorten) rechtzeitig auftauen. Waschen, trocken tupfen, salzen, pfeffern und auf den Spinat legen. 100 g geriebenen Parmesan mit 250 g Crème fraîche verrühren und darauf verteilen. Bei 180 Grad 25 Minuten im Ofen backen.

→ GEMÜSE-DIP: Gemüse (z. B. Zucchini, Paprika, Auberginen) in grobe Streifen schneiden und in einer Pfanne in Olivenöl von allen Seiten anbraten. Salz und

CHECKLISTE

Babygerecht kochen bedeutet:

- ◯ Kein Gericht kochen, das »à la minute« fertig werden muss. Es kommt garantiert irgendetwas dazwischen – das Baby schreit, hat Hunger oder eine volle Windel.
- ◯ Keine aufwendigen Gerichte kochen, die einige Vorbereitungszeit benötigen. Die Nerven liegen durch die vielen Unterbrechungen in der Zubereitungszeit schon blank, bevor auch nur ein Teil des Essens fertig ist.

Pfeffer dazu. Für den Dip einen Becher Crème fraîche mit einem Becher Sauerrahm verrühren. Kräuter dazu (z.B. aus der Tiefkühltruhe), Salz und einen Spritzer Weißweinessig oder Zitronensaft.

→ **ETWAS SÜSSES FÜR DEN NACHTISCH:** Für sechs Personen 250 g Mascarpone mit 50 g Puderzucker, einem Päckchen Vanillezucker, 1 EL Milch und evtl. 2 bis 3 EL Mandellikör glatt rühren. 500 g frische Erdbeeren klein schneiden oder eine Packung tiefgefrorene Beeren (vorher auftauen und abtropfen lassen!) mit 50 g Puderzucker mischen und pürieren. Kekse (am besten nehmen Sie italienische Mandelkekse, sogenannte Cantuccini) zerbröseln, am schnellsten geht's im Mixer. Jetzt Saftgläser oder eine Glasschüssel schichtweise füllen: Erst Kekse, dann die Mascarpone-Creme, dann das Beerenpüree. Wiederholen, bis die Gläser gut gefüllt sind, am Ende mit einer Lage Beerenpüree abschließen. Evtl. mit übrigen Beeren oder Minze dekorieren.

Schöner aufräumen

Nach einem festen Wochenplan putzen und aufräumen, alles an eine Haushaltshilfe abgeben oder ständig allem hinterherräumen – jede Mutter sucht nach einem Weg, wie sie den Haushalt in Schuss halten kann.
Egal, welcher Methode Sie folgen, unsere Tipps sind die passenden, praktischen i-Tüpfelchen dazu. Ganz einfach weil sie bei der eigenen Einstellung anfangen, leicht umzusetzen sind und wirklich helfen. Sie alle sollen Sie aber nicht dazu motivieren, perfekt zu werden. Ganz im Gegenteil: Unser Motto lautet »So gut wie möglich statt perfekt«. Mit den folgenden Tipps lebt es sich daher zwar ordentlich, aber viel relaxter (Buchtipps → Bücher, die weiterhelfen, Seite 154 und 155).

Grund-Unordnung gelassen hinnehmen …

… aber das große Chaos verhindern. Entscheidend: der freie Fußboden. Alles, was auf dem Boden herumliegt, signalisiert sofort Chaos.

Sofort aufräumen

»Schon wieder aufräumen« nervt. Verständlich. Doch das Dumme ist, dass sich umso mehr ansammelt, je länger man das Aufräumen herauszögert. Wer das kleine Chaos immer sofort beseitigt, wird nie im großen Chaos versinken.

Freunde einladen

Sie können nur unter Druck arbeiten – und das gilt erst recht für jegliche Art von

Hausarbeit? Laden Sie sich Freunde ein, wenn Sie das große Aufräumen mal wieder viel zu lange vor sich hergeschoben haben. So stehen Sie unter Zeitdruck – und mit der Aussicht auf netten Besuch geht die lästige Arbeit auch schneller.

»Immer-ein-Stück«-Taktik

Wer schon die Entstehung von Chaos vermeiden will, hält sich am besten an diesen Trick: Sobald Sie das Wohnzimmer in Richtung Küche verlassen, nehmen Sie das herumstehende leere Glas und bringen es in die Küche. Und wenn Sie auf dem Weg von der Küche ins Bad an der Garderobe vorbeikommen, stecken Sie gleich die zuvor hingeworfenen Schuhe in den Schuhschrank. Und wenn sie das Bad wieder verlassen, nehmen Sie die leere Shampooflasche und werfen sie auf dem Rückweg ins Wohnzimmer in den Müll. So banal es klingt, so effektiv ist es: Auf diese Weise

Beziehen Sie Kinder schon ganz früh spielerisch bei der Hausarbeit mit ein – so lernen sie, dass Mama nicht dazu da ist, hinter ihnen herzuräumen, sondern dass alle mit anpacken.

haben Sie im Vorbeigehen schon dreimal aufgeräumt.

Zeit stoppen

Die Küche wischen dauert etwa drei Minuten, ein Hemd bügeln vier Minuten, eine Jacke aufhängen 30 Sekunden. So gesehen werden aus lästigen Aufgaben auf einmal kleine Zeiteinheiten. Das nimmt die Schwellenangst und lässt Sie ganz einfach beherzt angreifen – Sie haben es ja bald hinter sich, und der Effekt ist groß.

Mit dem Kind aufräumen

Erledigen Sie die lästige Hausarbeit nicht, wenn Ihr Kind schläft – im Gegenteil. Gewöhnen Sie es am besten von Anfang an daran, dass Mama auch anderes zu tun hat, als mit ihm zu spielen. So können Sie es im Wohnzimmer mit Spielzeug in den Laufstall oder auf die Krabbeldecke legen, vielleicht Musik auflegen die ihnen beiden gefällt, und im Wohnzimmer klar Schiff machen. Sobald das Kind laufen und ein bisschen kommunizieren kann, wird es Ihnen sicher auch gerne »helfen«. Beziehen Sie es möglichst früh in die Aufräumarbeit mit ein, indem Sie ihm leichte Aufgaben (z. B. das Wegwerfen eines Joghurtbechers in den Müll) übertragen und es dafür loben. Es wird stolz sein – und Sie steuern damit frühzeitig dem Entstehen einer Einstellung à la »Mama räumt mir ja sowieso hinterher« entgegen.

Neue Nebenjobs mit Baby

Fotos einkleben, Ausflugsutensilien zusammenpacken, Kinderklamotten ausmisten – als Mutter hat man es plötzlich mit ganz neuen Jobs zu Hause zu tun. Eine zusätzliche Belastung, die sich allerdings mit ein paar Kniffen deutlich reduzieren lässt.

Erinnerungen wirklich festhalten

Natürlich ist es wunderschön, ein perfekt geklebtes Fotoalbum mit vielen persönlichen Notizen zu haben. Aber es steckt auch eine Menge Zeit drin, die man erst mal haben muss. Oft bleibt das Projekt neben Kindern, Job und Haushalt auf der Strecke. Das Ergebnis: eine nicht endende Flut an Bildern, die geklebt werden müssten – und beim zweiten Geburtstags Ihres Kindes gibt es immer noch kein vorzeigbares Baby-Album … Spätestens dann ist es Zeit, sich von dieser Idealvorstellung zu lösen und nach Auswegen zu suchen. Denn darin sind wir uns sicher einig: Gar keine Bilder für später zu haben ist auch nicht schön. Unser Tipp deshalb: Statt die Bilder mühsam einzukleben, legen Sie sie doch einfach in eine Box mit passendem Register. So sind die Fotos gut sortiert, griffbereit – und schöne Kästen für Ihre Erinnerungen gibt es in guten Papierläden fertig zu kaufen. Man kann auch alternativ jemanden damit beauftragen, die Fotos einzukleben, zum Beispiel eine Schülerin aus dem Verwandten- oder Freundeskreis, die ihr Taschengeld aufbessern will. Ein weiterer Tipp: Einmal am Ende jeden Jahres Abzüge von den schönsten Bildern machen und nur diese einkleben. Die restlichen Fotos werden auf CDs archiviert.

Den Aufbruch beschleunigen

Geldbeutel in der Einkaufstasche, Schlüssel in der Handtasche, Handy auch. Und jetzt schnell los? Keine Chance! Mit Kindern muss man sowieso immer eine Menge dabeihaben, deshalb entspannt es und vereinfacht den Alltag, wenn man nicht immer wieder dieselben Sachen neu zusammensuchen muss. Wenn Sie nach Hause kommen, legen Sie am besten alle wichtigen Dinge aus den Taschen an einen zentralen Ort. Packen Sie am besten zwei Taschen, die immer parat stehen und einfach eingesteckt werden können: eine Handtasche für Sie mit Lippenstift, Kopfschmerztabletten, Timer usw. Und ein XL-Bag mit den wichtigen Basics für Ihr Kind: mit einem Schnuller, Baby-Keksen, Notfallsalbe, Pflaster usw.

In Kisten lagern

So schnell kann man gar nicht schauen, wie die Kinder aus ihrer Kleidung herauswachsen, neues Spielzeug brauchen oder nicht mehr in die Wiegen und Maxi-Cosis passen. So kommt ein Teil zum anderen, das man aktuell nicht mehr braucht. Wichtig: Man sollte ständig ausmisten, sonst sammelt sich eine unüberschaubare Flut von mittlerweile unnützen Dingen an. Am besten entscheiden Sie sofort: Brauchen wir das noch oder nicht? Alles, was noch aufgehoben werden soll, wandert in große Kisten (z. B. von Ikea) und diese auf den Boden oder in den Keller. Was übrig bleibt, könnten Sie an andere Mütter verschenken oder auf einem Basar, bei www.ebay.de oder einem Secondhand-Laden verkaufen.

Notfall-Programme starten

Die Wäsche stapelt sich in gigantischen Bergen? Retten Sie sich per SOS-Programm aus der Situation und bringen Sie zum Beispiel ausnahmsweise alle Hemden in die Reinigung. Die Wohnung versinkt im Chaos, oder der Garten steckt metertief im Laub? Aktivieren Sie Heinzelmännchen in Familie oder Bekanntenkreis und bitten sie um Hilfe. Sie schaffen es nicht mehr, auch noch dreimal täglich mit dem Hund rauszugehen? Suchen Sie sich eine Schülerin oder Studentin über lokale Anzeigenblätter oder einen Aushang im Supermarkt.

Kinderfreie Zone

Natürlich wollen wir Sie an dieser Stelle nicht dazu ermuntern, in Ihrer Wohnung imaginäre Schilder im Sinne von »Spielende Kinder unerwünscht« aufzustellen. Trotzdem ist es durchaus legitim, wenn Sie sich zu Hause Ecken bewahren, in denen Kinder und Spielzeug im Normalfall nichts zu suchen haben. Das kann Ihr **SCHLAFZIMMER** sein, in dem Sie selbstverständlich auch mal morgens mit dem Kind kuscheln, das aber ansonsten für Sie der Ort ist, an dem Sie relaxen, abschalten, sich durch einen Roman in eine andere Welt versetzen lassen … Und das funktioniert nun mal schlecht, wenn Sie erst mal haufenweise Spielzeug vom Bett räumen müssen – denn das verkürzt die wertvolle Zeit, die Sie für sich haben.

Auch das **WOHNZIMMER** muss durch ein Baby nicht notwendigerweise ganz zum Kinderzimmer mutieren. Klar, solange das Kind klein ist und immer in der Nähe der betreuenden Person sein will, wird sich im Wohnzimmer eine Menge Spielzeug ansammeln. Aber auch hier können Sie eine bestimmte Ecke/Schubladen für das Kind reservieren. Es kann schon sehr früh lernen, dass an gewissen Stellen keine Dinge liegen, die ihm gehören.

Sie haben ein extra **KINDERZIMMER**? Nutzen Sie es auch! Bringen Sie beispielsweise große Spielzeuge wie Bobbycar oder Schaukelpferd, die das komplette Wohnzimmer verstellen würden, dort unter, und stellen Sie die Regel auf, dass diese auch nur dort benutzt werden. Sie können auch bestimmte Aktivitäten (z. B. Malen am Kindertisch) mit dem Kind grundsätzlich dort ausüben. Je älter das Kind wird, desto mehr wird es sein Zimmer nutzen und auch stolz auf »sein Reich« sein.

Beim **BADEZIMMER** gilt es abzuwägen: Wollen Sie den Wickeltisch dort – und damit in der Nähe von fließendem Wasser – unterbringen oder nicht? Klar ist es praktisch, im Bad zu wickeln – aber Sie müssen dann jedes Mal, wenn Sie selbst die Badewanne nutzen wollen, den Wickelaufsatz abbauen. Unterschätzen Sie dies nicht: Ein Entspannungsbad oder eine kurze Beauty-Session ist für frisch gebackene Mütter sehr entspannend. Wird es Sie stören, dabei immer den Wickelkram im Auge (und eventuell auch in der Nase) zu haben? Wenn Sie mehrere Möglichkeiten für die Platzierung des Wickeltisches haben, sollten auch diese Kriterien eine Rolle bei der Entscheidung spielen.

Und noch eines ist wichtig: Wenige Paare haben Lust, abends in ihrer spärlichen Zweisamkeit nur durch ein Spielzeuglabyrinth zueinander zu finden. Es lohnt sich, fünf Minuten zu investieren und im Wohnzimmer Bausteine und Co. wegzuräumen.

Entspannung oder Belastung?

Was den eigenen Alltag angenehm macht oder belastet, ist von Person zu Person unterschiedlich. Es kann zum Beispiel sein, dass sich in eigentlich schönen und angenehmen Dingen echte »Alltagsbeschwerer« verstecken. Misten Sie Ihre täglichen Gewohnheiten aus – was ist inzwischen für Sie zur Belastung geworden? Im Folgenden finden Sie drei Beispiele.

1 ZEITUNGSABONNEMENT – Sie schaffen es seit Wochen nicht, die tägliche Zeitung zu lesen? Dann bestellen Sie sie besser ab, statt immer frustriert zu denken »Ich müsste eigentlich noch …«. Sie können ja zu einem anderen Zeitpunkt wieder ins Abonnement einsteigen.

2 EIN BUCH, MIT DEM SIE EINFACH NICHT WEITERKOMMEN – Vielleicht haben Sie sich früher gezwungen, ein Buch bis zum Ende zu lesen. Für solche Konsequenz ist jetzt keine Zeit mehr. Lesen Sie die restlichen Seiten quer und das Ende. Für einen Eindruck und zum Mitreden reicht das allemal. Nehmen Sie sich lieber ein Buch zur Hand, das Ihnen gefällt. Dann bleiben Sie trotz Unterbrechungen durch das Kind am Ball.

3 VEREINS- ODER FITNESS-STUDIO-MITGLIEDSCHAFTEN – Mitgliedschaften in Studios oder Vereinen sind gerade für junge Mütter ideal, um ihren Fitness-Level und ihre Stimmung zu heben. Wenn man aber seit Monaten nicht dort war, ist es besser, einen klaren Strich zu ziehen und zu entscheiden: Die nächsten sechs Monate schaffe ich es sicher auch nicht, also kündige ich die Mitgliedschaft. Das motiviert mehr, dann wieder einzusteigen, als ein immerwährendes »Ich müsste mal wieder Sport machen, komme aber gerade nicht dazu …«.

Die Supermutti-Falle

Jede von uns läuft nach der Geburt des ersten Kindes Gefahr, in die »Supermutti-Falle« zu tappen. Was wir damit meinen, ist: Nur weil wir jetzt ein Kind haben und meistens mehr Zeit zu Hause verbringen, müssen wir nicht von heute auf morgen zur perfekten Hausfrau mutieren. Es gibt keinen Grund, scheinbaren Mutter-Idealbildern durch übertriebenen Perfektionismus hinterherzuhecheln. Anders sieht die Lage natürlich aus, wenn Sie schon früher gerne Kuchen gebacken oder Marme-

ERFAHRUNGSBERICHT

Christiane (33) mit Felicitas

Meine Tochter Felicitas war gut ein Jahr alt, und Weihnachten stand vor der Tür. Einige Mütter, die ich kennen gelernt hatte, erzählten mir von raffinierten Plätzchen, die sie jetzt backen. Ich finde Backen eher lästig und habe es seit Kindertagen nicht mehr getan. Trotzdem verabredete ich mich mit einer Freundin, die ein Kind im ähnlichen Alter wie Felicitas hat, zu einem Back-Nachmittag. Denn irgendwie ließ mich das Gefühl nicht los, meinem Kind etwas Traditionelles »bieten« zu müssen, obwohl klar war, dass Felicitas zu klein war, um mitbacken zu können. Als der Backtag gekommen war und ich mir eine Einkaufsliste mit den Zutaten gemacht hatte, verging mir die Lust – zumal draußen ein Traum-Winterwetter lockte. Ich rief meine Freundin an, die glücklicherweise ähnliche Gedanken gehabt hatte. Wir änderten unseren Plan, unternahmen einen herrlichen Spaziergang, holten uns zum Tee leckere Plätzchen in einer Konditorei – und waren uns einig, erst Plätzchen zu backen, wenn unsere Kinder alt genug sind, um mitzumachen.

lade gekocht haben – wenn Sie dabei gut entspannen können, sollten Sie das natürlich auch weiterhin machen.

So erkennen Sie, ob Sie in die Supermutti-Falle getappt sind:

→ **SIE KOCHEN MARMELADE EIN.** Hand aufs Herz – wer sich nicht schon kinderlos so verlustiert hat, wird auch mit Kind keinen großen Sinn darin sehen. Ertappen Sie sich öfter bei leidenschaftslosen Beschäftigungstherapien im Haushalt, könnte dies ein Anstoß sein, darüber nachzudenken, was Ihnen wirklich Spaß machen würde: Vielleicht ist es an der Zeit, wieder im Büro anzufangen? Oder sich endlich für den lange hinausgeschobenen Italienischkurs anzumelden?

→ **SIE HABEN IHRER PUTZFRAU GEKÜNDIGT.** Als Ihr Partner und Sie beide voll gearbeitet haben, haben Sie sich diese Entlastung selbstverständlich geleistet. Aber jetzt, wo Sie erst mal zu Hause sind, können Sie das ja selbst machen? Sehen wir anders. Einen Säugling zu versorgen ist ein Fulltimejob. Haben Sie bloß kein schlechtes Gewissen, und leisten Sie sich – wenn es finanziell irgendwie drin ist – die Hilfe im Haushalt weiterhin.

→ **SIE WOLLEN LOB.** Ihr Mann kommt nach Hause, und Sie wünschen sich, dass er merkt, wie liebevoll Sie den Tisch gedeckt/wie schön die Blumen arrangiert/wie hübsch die neuen Vorhänge dekoriert haben? Ohne Sie ernüchtern zu wollen: In 99 Prozent der Fälle wird das nicht passieren. Typisch Mann eben. Aber ganz ehrlich, hätten Sie früher Lob für derlei Deko erwartet? Hören Sie in sich hinein und fragen Sie sich nach dem wahren Grund für Ihr »fishing for compliments«. Fühlen Sie sich vielleicht in Ihrer Rolle als Mutter vom Partner nicht genügend geschätzt? Dann könnte es helfen, weniger auf die Dekoration des Tisches zu achten und mehr auf die Qualität der Gespräche, die daran geführt werden.

Anbandeln

mit den Familienbanden

Die Familienbande werden mit Kind (wieder) enger – dies mag ein Segen oder ein Fluch sein, je nachdem wie Ihre Beziehung zu der eigenen oder der Schwiegerfamilie vor der Geburt des Kindes war. Die einen leben glücklich in der Großfamilie, andere sind froh, wenn die liebe Verwandtschaft etwas weiter weg wohnt.

Natürlich freuen sich (auch nicht mehr ganz so) frisch gebackene Eltern, wenn Oma, Opa und Co. begeistert babysitten. Die nicht immer ganz so erfreuliche Konsequenz ist allerdings, dass diese sich automatisch mehr in unser Leben einmischen. Die Konflikte sind vorprogrammiert: Die Schwester wollte gerne Patin werden, die eigenen Eltern haben vor lauter Enkelkind kein Interesse mehr an uns, die Schwiegermutter platzt morgens einfach ins Schlafzimmer. Nicht schön, aber sicher kein Grund, dass der Haussegen dauerhaft schief hängt. Denn die Aufgabe, vor der man in dieser Zeit der Umstellung steht, ist schwierig, aber nicht unlösbar: Jede Mutter muss einen Weg finden, sich zu positionieren. Einerseits möchte man selbstbestimmt sein Leben leben und das Kind erziehen, andererseits ist man froh und dankbar für Unterstützung aus der Familie. Wie bekommt man beide Interessen unter einen Hut? Und: Wie schaffen Sie und auch Ihr Partner es, mit den durch das Baby veränderten Erwartungen der Familie klarzukommen?

Im Folgenden finden Sie verschiedene Strategien, um Familienkonflikte zu entschärfen. Die wichtigste ist: **SOUVERÄN AUFTRETEN** und klare Ansagen machen (→ auch Seite 40 ff.). Denn eines sollte allen klar sein:

SPÄTESTENS SEIT WIR MAMA SIND, SIND WIR ERWACHSEN!

Ich bin schon groß! Selbstbestimmung üben

Mit der Geburt Ihres Kindes sind Sie endgültig in den Kreis der Erwachsenen eingetreten. Und es wird höchste Zeit, dass das auch Ihre eigenen Eltern und Schwiegereltern realisieren. Und dann auch Ihre Entscheidungen akzeptieren.
»Der Kleine ist jetzt müde und sollte ins Bett!« oder »Meinst Du nicht, dass die Spielgruppe jetzt noch zu viel für sie ist?« – Einwände wie diese können Sie sich anhören. **ABER DANN MACHEN SIE DAS, WAS SIE FÜR RICHTIG HALTEN.** Überhaupt ist es wichtig, sich mit seinen (Schwieger-)Eltern auch mal über andere Themen als den süßen Nachwuchs zu unterhalten (→ siehe auch Seite 49). So signalisieren Sie Eigenständigkeit, und die ist auch wichtig, wenn es um Familientraditionen geht. Als neue Familie haben Sie die Chance, lieb gewonnene Traditionen zu übernehmen. Trauen Sie sich aber auch, neue Wege zu gehen.
Zugegeben: Selbstbestimmung üben, das klingt erst mal unsexy. Eher wie der Titel irgendeines Psycho-Seminars. Wieso soll das jetzt ein Thema sein, wo wir Mütter geworden sind? Wussten wir nicht immer ziemlich genau, was wir wollten und wie wir es durchsetzten?
Selbstverständlich. Schließlich sind wir selbstbewusste Frauen – und nun eben auch selbstbewusste Mütter. Nur fällt uns in letzter Zeit auf, dass diverse Familienmitglieder meinen, sich in unser neues Leben mit Baby kräftig einmischen zu müssen. Und plötzlich gibt es Situationen, in denen uns die Souveränität fehlt. Etwa, wenn die ältere Schwester anruft (eine er-

fahrene Mutter, versteht sich) und ganz entsetzt ist, dass wir mit unserem Kind keinen PEKiP-Kurs besuchen. Doch anstatt wie früher ganz cool »Was geht dich das an, meine Beste?« zu antworten und das Thema damit abgehakt zu haben, lassen wir uns auf eine nervige Diskussion ein, an deren Ende wir uns wie eine Rabenmutter vorkommen. Dabei wollten wir dieses hässliche Wort doch niemals in unseren Wortschatz aufnehmen.
Und fünf Minuten nach dem Auflegen ärgern wir uns: Wo ist nur unsere Souveränität geblieben? Die Antwort ist einfach: Wenn viel Neues auf uns zukommt oder wir ein bisschen überfordert sind (was ja mit Säugling durchaus vorkommen soll), gewinnt leider manchmal das Gegenteil von Souveränität die Herrschaft über die Situation: ein Gefühlsdurcheinander, das lediglich Reaktionen hervorbringt, aber keine souveränen Aktionen. Und schon tun wir das, was andere von uns erwarten, obwohl wir uns im Unterbewusstsein dafür im selben Moment in den Hintern beißen. Da hilft nur: Selbstbestimmung üben. Schließlich sind wir durch das Baby hinreichend fremdbestimmt. Wenn wir jetzt auch noch alle wohlgemeinten Ratschläge der Familie annehmen, sind wir gar nicht mehr wir selbst. Klar, für manche Tipps aus der Familie sind wir sicher dankbar und nehmen sie gerne an. Aber wenn sie überhandnehmen, hilft nur die relaxte Zum-einen-Ohr-rein-zum-anderen-raus-Taktik, gepaart mit einem freundlichen, aber ehrlichen »Sei mir nicht böse, aber wie ich das mit dem Baby mache, musst Du schon mir überlassen«. Am Anfang wird Ihnen das vielleicht schwer fallen. Aber wenn Sie es trainieren, wird Ihre Familie genau wie unsere merken: Sie sind eine tolle Mutter – auch wenn Sie den ein oder anderen Tipp missachtet haben!

Eine Oma für alle

Mutter-Tochter-Schwiegermutter – in diesem Beziehungsdreieck kann einiges an Zündstoff stecken. Erst recht, wenn Enkelkinder unterwegs sind oder schon geboren. Hat man als Pärchen ohne Kinder schon mal Weihnachten in Südafrika verbracht oder die Abstände zwischen den Besuchen auf mehrere Wochen ausgedehnt, ändert sich das oft mit Kind. Irgendwie scheint sich da eine Art Geschäft zu entwickeln: Zeit mit den Enkeln wird getauscht gegen freie Zeit für die Eltern – Oma und Opa babysitten, während wir selbst endlich mal wieder ausgehen oder ausschlafen. Das ist wunderbar! Doch manchmal schleichen sich hier Tücken ein. Zwei typische Brennpunkte sind:

- Mutter oder Schwiegermutter wollen den Ton angeben, besonders in allen Fragen der Erziehung und der Babypflege.
- Ihre Intimsphäre wird auf null zurückgeschraubt – ob Sie stillen, mit dem Baby kuscheln, Zeit mit dem Papa zu dritt genießen wollen oder abpumpen: Oma und Opa sitzen höflich lächelnd auf der Bett- oder Sofakante und sehen zu, aber nicht, wo das Problem ist.

Wie damit umgehen? Die Psychologie hält zwar einige Bücher zum Thema bereit, aber wer hat, zusätzlich zur Babybetreuung, Lust und Zeit, mehrere hundert Seiten dicke Wälzer durchzuarbeiten? Da meist, Gott sei Dank, die Situation auch nicht so dramatisch ist, genügt pragmatische Soforthilfe. Unser Tipp: Üben Sie sich in Gelassenheit und nehmen Sie sich selbst und Ihren Ärger auch mal zurück. Eine dicke Haut in dieser Beziehung zu entwickeln und auf Durchzug zu schalten kann weiter bringen als ständiger Kleinkrieg. Man muss nicht immer sein Revier verteidigen, sondern kann als Alternative auch für gute Stimmung sorgen. Häuft sich allerdings eine bestimmte »Marotte« oder eine unangenehme Eigenschaft, sollte man aktiv werden und das Problem ansprechen. Bei allen Grundsatzfragen der Kindererziehung haben wir Mütter und nicht die Großeltern das Sagen.

Diese Dispute zu klären beziehungsweise beizulegen ist auch im Sinne Ihres Kindes: Denn es braucht die erweiterte Familie, braucht seine Großeltern, um auch mal andere Eindrücke sammeln zu können als zu Hause und um sich in fremder Umgebung zu erfahren. Und ganz uneigennützig ist die friedliche Koexistenz mit Ihrer Sippschaft für Sie auch nicht: Denn in den meisten Fällen wissen Sie Ihr Baby dort in den wirklich allerbesten Händen – und können endlich wieder zweisame Zeit mit Ihrem Mann genießen oder etwas allein, ohne Kinderwagen im Schlepptau, unternehmen.

Babysitterpotenzial in der Familie ausloten

In Ihrem weiteren Familienkreis gibt es sicher mehr Babysitterpotenzial, als Sie glauben. Es muss ja nicht gleich die komplette Abendbetreuung sein – auch eine Stunde, in der die Nichte mit dem Kinderwagen spazieren geht, entlastet Sie schon. Auch wenn es Sie Überwindung kostet – beherzigen Sie die folgenden Strategien, um sich schon früh Babysitter »heranzuziehen« und wieder eigene Freiräume zu gewinnen (→ auch Seite 88 ff.).

Fragen Sie nach

Warten Sie nicht, bis Ihnen jemand seine Hilfe anbietet. Bitten Sie selbst darum und fragen Sie nach. Viele Familienmitglieder sind ganz heiß darauf, helfen zu können. Fragen Sie so konkret wie möglich, zum Beispiel: »Könntest du dienstags um 17 Uhr eine Stunde auf meine Tochter aufpassen?«

Trauen Sie den anderen etwas zu

Es müssen nicht immer Oma und Opa oder die mit Kindern erfahrenen Schwägerinnen sein. Die neue Freundin des Bruders, eventuell vorhandene Nichten und Neffen können genauso gut mit anpacken – sie sind zum Beispiel für »Wachdienste« ideal, wenn das Baby tagsüber oder nachts schläft, oder für Spazierfahrten mit dem Kinderwagen.

Familienwochenenden richtig nutzen

Es gibt viele Vorteile, wenn Sie bei Ihren Eltern, Tanten oder Cousinen ein Wochenende verbringen: Die Familie freut sich über den Besuch mit Baby (wenn nicht, dann fahren Sie lieber erst gar nicht hin!), und Sie haben die Chance auf viel freie Zeit für sich und Ihren Partner. Damit es keine Enttäuschungen gibt, klären Sie die Erwartungen am besten vorab (»Wir überlassen euch Samstag Abend den Kleinen und gehen ins Kino«).

Die Familie bezahlen?

Ja und nein. Die Freundin des Bruders, die vielleicht noch studiert, ist sicher froh, wenn sie ein bisschen was verdient. Eine klare Vereinbarung macht es auch angenehmer, wiederholt um Hilfe zu bitten. Tut Ihnen jemand aus der Familie immer mal wieder einen Gefallen, revanchieren Sie sich besser mit kleinen Geschenken und Aufmerksamkeiten.

Absagen gehören dazu

Auf Babysitteranfragen auch mal ein Nein zu hören ist völlig normal und richtet sich weder gegen Sie noch gegen das Kind. Fragen Sie lieber jemand anderen, statt sich darüber zu ärgern.

Alle Jahre wieder … Familienrituale hinterfragen

Klar, Rituale sind wichtig – gerade wenn man Kinder hat. Deshalb entstehen auch im neuen Leben mit Kindern sicher eine Menge neuer Rituale. An anderen, »alten« Familien-Gewohnheiten dagegen kann man nicht festhalten, weil sie einfach völlig Baby-untauglich sind, wie etwa das späte Sonntagsfrühstück um die Mittagszeit. Solche Mini-Traditionen aus dem Paar-Alltag sortieren wir als Familie meist ganz automatisch aus unserem Leben aus. Anders sieht es bei »größeren« Familien-Traditionen aus, die auch Eltern/Schwiegereltern oder Geschwister betreffen. Weihnachten ist da wohl das wichtigste Beispiel. Mit Baby stellt sich noch stärker die Frage: Wie bekommt man ein schönes Fest hin, ohne sich zwischen den Familien zu zerreißen?

Ohne Kind feiern viele Partner noch den Heiligen Abend getrennt, jeder bei seiner Familie. Oder man verbringt den 24. zweisam und begibt sich dann an den Feiertagen gemeinsam auf den (Schwieger-)-Familien-Besuchsmarathon.

Mit Baby kommt all das nicht in Frage: Man feiert das Fest auf jeden Fall zu dritt – und ob und in welcher Konstellation andere Familienmitglieder dabei sind, hängt von verschiedenen Faktoren wie Familienverbundenheit, räumlicher Entfernung der Familien/Schwiegerfamilien, Alter des Babys und Ähnlichem ab.

Selbstverständlich gibt es unzählige Varianten, das Fest zu verbringen. Wichtig ist, dass Sie sich mit Ihrer Lösung wohl fühlen und sich oder das Neugeborene nicht an-

ERFAHRUNGSBERICHT

Theresa (29)

Für uns stand fest: Das erste Weihnachten mit Baby wollen wir ganz gemütlich zu dritt verbringen, also auf die traditionellen Besuche bei unseren Familien verzichten und uns auch nicht bei nasskaltem Schmuddelwetter in den Feiertagsstau einreihen. Als wir das kommuniziert haben, brach aus allen Richtungen ein Sturm der Entrüstung los. Manche reagierten etwas verständnisvoller, andere waren richtig beleidigt, aber der Tenor war immer gleich: »Das könnt ihr nicht machen, wir wollen an Weihnachten unser Enkelkind sehen.« Wir haben uns dann damit aus der Affäre gezogen, dass wir unsere Familien zum gemeinsamen Feiertags-Plätzchenessen zu uns eingeladen haben. Manche kamen, andere hielten an ihren Feier-Traditionen fest. Es wurde unser schönstes Weihnachten.

deren zuliebe zu sehr stressen. Das gilt für Weihnachten genauso wie für alle anderen Familienfeste. Der entscheidende Satz, den Sie gerade vor großen Familienfesten beherzigen sollten, ist: ES GIBT KEINE TRADITION, DIE SICH NICHT HINTERFRAGEN LÄSST! Die Lösung für alle Konfliktfälle sollte sein, dass Sie sich als neuer Familienmittelpunkt mit Kind durchsetzen und die Feste bei sich zu Hause feiern – laden Sie Ihre Lieben doch einfach dazu ein.

Zwei Schaukelpferde sind eins zu viel – wie Sie den Schenkdrang kanalisieren

Ist es nicht süß, all diese niedliche Baby-Kleidung auszusuchen? Das finden wahrscheinlich nicht nur Sie, sondern auch alle anderen aus der Familie. Jeder möchte gerne Babyzubehör kaufen und verschenken. Und man ist ja auch froh darüber, wenn ein Teil der unglaublich vielen Dinge, die ein Kind ständig braucht, fremdfinanziert wird. Damit es keine bösen Überraschungen gibt, die in die Kategorien »Gefällt uns nicht«, »Passt nicht mehr«, »Haben wir schon« fallen, hier ein paar Tipps, die das Schenken für alle erleichtern – denn auch die Familie ist meist froh, wenn sie mit gezielten Vorgaben einkaufen gehen kann.

Geschenkeliste

Machen Sie eine Liste, mit der Sie sich besser organisieren können: Schreiben Sie die Dinge darauf, die Sie für das Kleine brauchen, und vergeben Sie die Geschenke einzeln an die Verwandtschaft – und natürlich auch an Freunde. In Ausnahmefällen (z. B. wenn Sie das Budget nicht kennen), können Sie auch zwei Dinge an eine Person »vergeben«. Sonst strikt an die Eins-zu-eins-Regel halten.

Im Zweifelsfall Spielsachen

Wenn Sie sich nicht sicher sind, ob die Tante oder die Oma das Gewünschte auch in Ihrem Sinne umsetzt, besser Spielsachen und nicht Kleidung schenken lassen. Da kann selbst bei einigem Spielraum nicht so viel schief gehen – im Gegenteil: Es sind manchmal Dinge dabei, die man selbst nicht gekauft hätte, die aber das Kind restlos begeistern.

SOS-Plan Secondhand

Wenn wirklich ein Geschenk gar nicht passt, belasten Sie sich am besten nicht damit. Bringen Sie es zum Secondhand-Laden, oder versteigern Sie es bei www.ebay.de. Über die »Zweitverwertung« kommt ein bisschen Geld rein – und jemand anderes freut sich vielleicht über das, was bei Ihnen nur im Weg war.

So finden Sie die richtigen Paten

Mehr als die Hälfte aller in Deutschland geborenen Kinder werden getauft. Ein schönes Fest für die ganze Familie und ein Ritual, das Halt gibt. Dazu gehört natürlich, dass Paten ausgewählt werden; liebe Menschen, die das Kind im Leben begleiten sollen. Wer wird Pate? Diese Frage lässt sich in den meisten Familien gar nicht so leicht beantworten. Manche Eltern legen das schon vor der Geburt fest. Klasse, wenn das so klar ist, dass es darüber keine Diskussion gibt. Doch oft ist es nicht so leicht – vor allem, wenn es in den Familien unterschiedliche Vorstellungen gibt.
Grob gibt es zwei konträre Haltungen: Die einen möchten Paten aus der Familie, also meist die Geschwister, die anderen vertreten die Meinung, dass die Geschwister ja sowieso schon Onkel und Tanten sind, und wollen lieber enge Freunde durch das ehrenvolle Patenamt an sich binden. Glücklicherweise kann man ja nicht nur einen, sondern zwei oder sogar drei Paten für sein Kind auswählen. So findet man als Paar dann doch meistens einen Kompromiss – in dem sich meist beide Auswahlkriterien für Paten widerspiegeln.
Sie haben einen oder mehrere Paten ausgewählt? Wunderbar! Noch drei Tipps, damit es keinen Knatsch gibt:

1. Hören Sie Einmischungen der Eltern/Schwiegereltern freundlich an, und ignorieren Sie sie dann.

2. Machen Sie früh klare Ansagen, wer Pate wird – so entsteht erst gar kein Raum für Spekulationen.

3. Stellen Sie keine zu hohen Erwartungen an die Paten – jeder muss erst in seine Rolle finden.

Die erste Geburtstagsfeier

Der erste Geburtstag steht an? Erst mal Gratulation Ihnen als Mama: Sie haben das erste wunderschöne, aber auch sehr anstrengende Jahr mit Baby hinter sich, und das muss natürlich entsprechend gefeiert werden. Aber wie?

Vermutlich haben sich zu diesem wichtigen Termin längst sämtliche Omas und Opas angesagt, eventuell vorhandene Onkel und Tanten wollen kommen, natürlich die Paten, und vielleicht hat Ihr Kind in der Krabbelgruppe oder Krippe ja auch schon ein, zwei Freunde gefunden. Ohne dass man groß zählt, kommen da mindestens zehn, wenn nicht zwanzig Personen zusammen.

Und das ist eindeutig zu viel. Schließlich sagt eine altbekannte Regel, dass man immer nur so viele Gäste einladen soll, wie das Kind Jahre alt wird. Na gut, ein Gast wäre dann vielleicht doch etwas wenig, trotzdem macht es meist Sinn, die Feier in einen Familien- und einen Freunde-Nachmittag zu splitten.

Feiern Sie sich selbst, seien Sie relaxt, und machen Sie sich nur den Stress, auf den Sie auch Lust haben. Hier unsere besten Tipps in Sachen Geburtstagfeiern: 1. Bei Kinderfesten ist es üblich, nicht nur den Beginn, sondern auch das Ende der Party festzusetzen. 2. Bis zum einschließlich dritten Geburtstag sind die Mütter/Väter mit eingeladen. 3. Großes Programm, Riesenparty – verschieben Sie das auf die Zeit, wenn die Kinder auch etwas davon haben. 4. Übertreiben Sie es nicht in Sachen Geschenke. In manchen Mütterkreisen soll es tatsächlich schon den Geschenketisch für Kindergeburtstage geben. Und das geht so: Da suchen sich bereits die Kleinkinder im Spielwarengeschäft fleißig aus, was es denn sein darf. Die Mütter der kleinen Gäste müssen dann nur noch hingehen und zahlen. So gibt es aber gar keine Überraschungen mehr. Und das ist es doch, worum es eigentlich geht!

ERFAHRUNGSBERICHT

Julia (33) mit Tom

An Toms erstem Geburtstag, der unter der Woche lag, haben wir eigentlich nur uns selbst gefeiert: Wir haben abends die zwei Paten, enge Freunde von uns, mit ihren Partnern eingeladen, zu Ehren unseres Sohnes Sekt getrunken und dann leicht angeheitert mit Schokoladenessen und Topfschlagen »Kindergeburtstag gespielt«. Unser Sohn bekam morgens in der Früh seinen ersten Kuchen und ein kleines Geschenk von uns. Er hatte Riesenaugen, und wir einen Riesenspaß. Am Wochenende drauf kamen dann die Großeltern zum Grillen vorbei. Die Geschenke hat Tom natürlich mit Begeisterung aufgerissen. Von der Masse an Geschenken war er dann allerdings völlig überfordert. Ich habe sie klammheimlich wieder eingesammelt und ihm in den kommenden Wochen nach und nach gegeben.

Enttäuschungen akzeptieren

Es ist so eine Sache mit unseren lieben Illusionen. Da hat man beispielsweise schon Monate vor der Geburt den Eindruck, die Mutter/Schwiegermutter könne es gar nicht erwarten, einen durch regelmäßiges Babysitten zu entlasten. Und so wartet man nach der Geburt auf das konkrete Angebot. Und wartet, und wartet … Aber es kommt nichts. Und spricht man das dann vorsichtig an, bekommt man – wenn man Glück hat – schlicht die ehrliche Antwort, sie fühle sich mit dem Säugling überfordert. Wenn man Pech hat, hört man nur offensichtliche Ausreden …

Oder, Beispiel Nummer zwei: Der eigene Bruder ist ganz hin und weg vor Stolz über seine neue Nichte. Er kommt gleich zu Besuch ins Krankenhaus, bringt immer wieder kleine Geschenke. Bis er eine neue Freundin hat. Da ist die Nichte plötzlich abgemeldet. Und zwar nicht nur für ein paar Wochen, nein er hat sie schon ein halbes Jahr nicht mehr gesehen …

Und solche Enttäuschungen sind nicht nur auf die Verwandtschaft begrenzt: Es war immer klar, dass die allerbeste Freundin Patentante wird. Doch irgendwie ist Ihr Verhältnis zueinander viel loser geworden, seit das Baby da ist. Für Baby-Besuche tagsüber hat die allein lebende Karrierefrau keine Zeit, und abends ab 21 Uhr – wenn sie gerne noch in Bars oder Restaurants geht – sind Sie fertig. Und das letzte Mal, als sie am Wochenende zu Besuch kam, hatten Sie das Gefühl, sie konnte gar nichts mit Ihrem Patenkind anfangen …

In allen drei Fällen blutet uns Müttern das Herz. Aber leider bringt es meist wenig, solche Enttäuschungen auszudiskutieren. Klar, man kann die Dinge schon mal ansprechen, wenn sich eine Gelegenheit bietet, aber oft ändert das nichts. Man kann nun mal niemanden zwingen, ein Kinderfan zu sein. Man kann nur darauf setzen, dass sich mit der Zeit etwas ändert – viele Menschen können mehr mit Kindern anfangen, die schon etwas älter sind, mit denen man über die Sprache kommunizieren kann. Oft müssen sich Verwandte und Freunde auch erst einmal an ihre neue Rolle als Oma, Onkel, Pate etc. gewöhnen. Diese Zeit sollte man ihnen lassen.

Sollte sich auch mit der Zeit nichts ändern, müssen wir damit leben. Schließlich werden wir über unser Kind auch neue Kontakte knüpfen, und genauso wie manche Verbindungen lockerer werden, werden andere stärker.

So überrascht vielleicht der Opa als perfekter Babysitter, der aufopferungsvoll den Enkel hütet, Fläschchen macht und Windeln wechselt – woran bei seinen eigenen Kindern Anfang der siebziger Jahre nicht zu denken war.

Alles nur noch Baby-Talk?

1

Es klingelt an der Tür, Sie öffnen mit Ihrem Kind auf dem Arm, Oma und Opa stehen erwartungsvoll davor. Was jetzt passiert, gehört zum neuen Mama-Programm: Erst mal wird der Enkel freudig begrüßt. Danach ist kurz (!) Zeit, auch der Tochter hallo zu sagen. Und schon dreht sich die Welt wieder um das Kleine. Das ist fast überall so – und auch okay. Schließlich sind wir selbst ja auch völlig gefangen von diesem kleinen Wunder. Dass Ihr Kind jetzt die Nummer eins ist, liegt in der Natur der Sache. Jeden Tag lernen die Kleinen etwas Neues, entwickeln sich und begeistern mit ihrer kindlichen Neugier und einem unglaublichen Entdeckerdrang. Dem können auch Oma, Opa, Tante und Co. nicht widerstehen. Nehmen Sie es ihnen nicht übel – und freuen Sie sich gemeinsam über Ihr wundervolles Kind!

Ich bin nicht nur Mama!

Zeigen Sie Ihrer Familie aber auch, dass Sie als Person jenseits des Mamaseins weiterhin wichtig genommen werden wollen. Das funktioniert so: Erzählen Sie immer wieder, was Sie gerade persönlich betrifft: Job, Interessen, Stimmungen, Pläne usw. Seien Sie sich nicht zu schade, ungefragt von sich zu berichten. Denn wer jetzt auf die richtige Ansprache wartet, muss lange ausharren können. Diese Methode erfordert zwar etwas Hartnäckigkeit, aber auf Dauer finden Sie bestimmt Gehör.

Familienabendessen auch mal ohne Enkel

Mit Freunden ist es ganz normal, sich regelmäßig zu einem Abend ohne Kinder zu verabreden. Machen Sie das auch mit Ihrer Familie. Gehen Sie gemeinsam aus und nutzen Sie den räumlichen und geistigen Freiraum, um sich mal wieder auszutauschen und zu unterhalten. Sicher freuen sich Ihre (Schwieger-)Eltern, wenn sie nicht nur als Babysitter interessant sind!

Nicht nur Thema »Kind«

Wenn es dann mal wieder ein Treffen ohne Kinder gibt, sollte man das Thema auch bewusst ausklammern. Das ist ein Phänomen, das auch wir Eltern kennen – da hat man schon mal einen freien Abend oder verreist ein paar Tage allein, und dann kreisen die Gespräche doch wieder ums Kind. Deshalb bewusst gegensteuern und gleich am Anfang sagen »Lasst uns heute mal über uns und nicht über die Kleinen reden«. Erklären Sie, dass Sie und Ihr Partner gerne etwas von sich oder von Ihren beruflichen und privaten Plänen erzählen würden. Wer kann das schon ablehnen? So ist jeder selbst aufgefordert und motiviert, sich an das Motto des Treffens zu halten.

2 Zeit fürs Ich

→ Gestern haben wir noch einen Beauty-Tag zelebriert, heute soll nicht einmal mehr die tägliche Dusche drin sein? Nein, finden wir. Auch wenn das Baby der neue Mittelpunkt des Lebens ist, sollten Sie nicht zu kurz kommen. Denn je zufriedener die Mutter ist, desto besser geht es dem Kind. In diesem Kapitel finden Sie jede Menge Tipps, wie Sie wieder zu sich selbst finden.

Zwischen Fürsorge und Für-sich-Sorgen

Man kann nicht mehr essen, wann man will. Man kann nicht mehr schlafen, wann man will. Oft kann man nicht einmal mehr auf die Toilette gehen, wann man will. Das unangenehme und völlig ungewohnte Gefühl, sein Leben nicht mehr im Griff zu haben, prägt, neben dem wunderschönen Gefühl der bedingungslosen Liebe für sein Kind, die ersten Wochen mit Baby. Und dann hagelt es von allen Seiten auch noch gut gemeinte Ratschläge, wie man denn als Mutter so zu sein hat.

Für die Ratschläge ist man erst mal auch dankbar, klar. Aber letztlich werfen Sie Ihre Balance im neuen Leben als Mutter nur dann finden, wenn Sie sich von der Meinung anderer lösen und **IHREN EIGENEN WEG** finden. Es ist wichtig, auf die eigene innere Stimme zu hören, die uns spätestens nach ein paar Monaten laut und deutlich signalisiert, wie wir uns als Mutter definieren möchten. Und als moderne Mutter darf man weiterhin eigene Wünsche haben, auch mal egoistisch sein und guten Gewissens »politisch unkorrekt« handeln. Das alles funktioniert aber natürlich nur, wenn man auch schon in den ersten Wochen trainiert, das Baby loszulassen und Hilfe anzunehmen. Wer sich selbst von Anfang an kleine Auszeiten zugesteht, wird die Zeit mit dem Baby doppelt genießen!

Mut zum eigenen Weg

Wer heute Mutter wird, sucht vergeblich nach passenden Rollenbildern. Die alten Rollen, ob bewusst gewählt oder nicht, haben sich längst überholt – von der Vollzeit-Glucke der 70er-Jahre bis zum Vollblut-Karriereweib der 90er. Neue Rollenbilder gibt es nicht. Jede probiert aus und sucht für sich einen eigenen, passenden Weg. Ein großer Gestaltungsraum, den wir als Mutter plötzlich zur Verfügung haben!

ERFAHRUNGSBERICHT

Maria (37) mit Adriana

Vor der Geburt unserer Tochter haben wir sie schon in der Kinderkrippe angemeldet. Die Plätze in unserer Stadt sind knapp, und ich wollte nach sechs Monaten unbedingt wieder arbeiten. »Dein Kind braucht dich«, war die Reaktion meiner Eltern. »Dann müssen Sie ja früher abstillen«, die Reaktion meiner Hebamme. »Bin ich eine schlechte Mutter?«, war die quälende Frage, die ich mir permanent stellte. Ich habe dann beschlossen, mein Modell durchzuziehen und es nach sechs Monaten einer Prüfung zu unterziehen. Heute ist Adriana zwei, sie geht immer noch in die Krippe – und uns allen geht es gut dabei. Wenn ich sie um vier Uhr abhole, gehört die Zeit nur uns beiden.

Um das neue Leben mit Kind für sich persönlich und die Familie zu organisieren, brauchen wir eine Menge Gestaltungskraft und -willen. Deshalb geht es hier um den Mut, dem Druck, den andere ausüben, zu widerstehen. Denn die große Freiheit, das individuelle Lebenskonzept zu finden bedeutet gleichzeitig eine große Angriffsfläche für alle, die es anders machen oder gemacht haben. Wer kommt Ihnen mit Gegenwind? Zum einen die Generation vor uns, die weitgehend das klassische Rollenmodell – die Frau kümmert sich um Haushalt und Kinder – lebte. Aber auch gleichaltrige Frauen aus Ihrem Bekanntenkreis, die jede für sich eine individuelle Lösung zwischen Baby, Job und Partner gefunden haben, werden versuchen, Sie von ihrem jeweiligen Modell zu überzeugen. Gerade jungen Müttern gegenüber scheint das Sendungsbewusstsein leider besonders groß zu sein – und die Ratschläge treffen meist auf eine mehr oder weniger große Unsicherheit vieler (werdender) Mütter, ob sie der Elternrolle und den Erwartungen ans Familienleben auch tatsächlich gerecht werden.

Egoismus zulassen

Eine gute Mutter zeichnet sich nicht durch ein gigantisches Maß an Opferbereitschaft aus, sondern durch eine gute Portion Egoismus. Auch Studien belegen, dass das Wohl der Kinder nicht vom Zeitpensum abhängt, das Eltern mit ihnen verbringen, sondern von der Qualität der gemeinsam verbrachten Zeit und der positiven Stimmung von Mutter und Vater. Zufriedene und glückliche Eltern können auch ihre Kinder glücklich machen.

Loslassen üben

Es lohnt sich, von Anfang an darauf zu achten, dass man auch als Mutter Freiräume in den neuen, vollgestopften Babyalltag einbaut. Das Baby verträgt es gut, wenn sich zwischendurch mal jemand anderes um es kümmert. Das hat sogar oft erstaunlich positive Effekte: Der Schweizer Kinderarzt Remo H. Largo beschreibt in seinem Buchklassiker »Babyjahre«, dass die Kleinen in anderer Umgebung oft neue, positive Verhaltensweisen zeigen. So kann ein Schreibaby zum Beispiel auf einmal wie ausgewechselt sein, wenn es neue Orte und Stimmen entdeckt. Es lohnt sich also schon bei den ganz Kleinen auszuprobieren, ob Nachbarn, Familie oder Freunde für kurze Zeit in die Baby-Betreuung einspringen können.

»Verkaufen mit Mehrwert«

Haben Sie Angst vor Kritik, wenn Sie jemandem erzählen, dass Sie andere mit der Kinderbetreuung oder für den Haushalt beauftragen? Oder haben Sie vielleicht schon welche einstecken müssen?
Erzählen Sie eine Geschichte zu den Personen: Heute liest die (Leih-)Oma unseren Kindern Geschichten vor. Unsere Haushaltshilfe kocht das Lieblingsgericht unseres Kindes. Die Kinderfrau kennt die schönsten Schlaflieder. Bei der Tagesmutter hören die Kleinen Barockmusik – die gefällt Babys besonders gut … Auf diese Weise gut verkauft, kann keiner so leicht Kritik an Ihren Profi-Unterstützern üben.

Die Wunschbox pflegen

Mit Baby stehen auf einmal die Bedürfnisse und Ansprüche des Kleinen ganz oben auf der Liste. Die eigenen Wünsche rangieren weit dahinter. Ein ungewohntes Gefühl, vor allem beim ersten Kind.
Wer nicht warten will, bis sich die Prioritäten von selbst wieder verschieben, kann in der Zwischenzeit seine ganz persönliche Wunschbox pflegen.
Größere Wünsche und Lebensziele lassen sich mit kleinen Kindern kurzfristig oft nur sehr schwer umsetzen. Eine Reise nach Asien? Einmal beim New-York-Marathon starten? Mal wieder einen dicken Roman lesen? Darauf zu pochen bringt nichts, aus den Augen verlieren frustriert. Schreiben Sie diese Wünsche auf Karteikärtchen und stecken Sie sie in Ihre »Wunschbox«. So geht kein Wunsch verloren. Das Leben ist ja noch lang!

Dogmen über Bord werfen

Zur Familiengründung gehört vor allem eins: Mut. Wer Mut für ein Kind hatte, verliert ihn oft, wenn es da ist. Ganz schnell geraten Frauen dann in ein engmaschiges Netz aus Vorgaben, die jeden Mut nehmen, die eigenen Vorstellungen umzusetzen. Viele Frauen leiden zum Beispiel unter dem Rechtfertigungsdruck im Spannungsfeld zwischen den Polen Nur-Hausfrau und Fulltime-Karriere. Wir zeigen Ihnen an drei Beispielen, wie Sie Dogmen über Bord werfen und sich von den äußeren Erwartungen befreien können. Unsere Tipps sollen Sie dabei weder von dem einen noch dem anderen überzeugen, sondern Sie für Ihre eigenen Entscheidungen inspirieren.

TIPP

→ Der Lebensentwurf Hausfrau muss kein Langzeitmodell sein: Man setzt aktuell Prioritäten, die man nach einiger Zeit auch wieder verschiebt, damit nicht dauerhaft etwas zu kurz kommt. »Ich weiß, dass ich nicht in allen Lebensbereichen zur gleichen Zeit gleich gut sein kann. Zwischen Kindern, Karriere und Partnerschaft kann man sich auch zerreiben – deshalb alles zu seiner Zeit!«, sagt Anja (43).

Fall 1: Vater in Elternzeit

Der Vater soll Elternzeit nehmen, während die Mutter arbeitet? Damit können vor allem die (Schwieger-)Eltern ein Problem haben und die Schwiegertochter als »Rabenmutter« strafen. In anderen Ländern wie zum Beispiel Schweden macht man uns vor, wie man ganz relaxt damit umgehen kann. Dort nehmen viel mehr Väter eine berufliche Auszeit fürs Kind. In Deutschland hilft die Politik mit finanziell geförderten Vätermonaten in der Elternzeit nach.
TO DO: Sammeln Sie Argumente: Stellen Sie Ihre eigenen beruflichen Ziele und Pläne heraus – Frauen haben oft ein Problem mit guter Eigen-PR. Loben Sie die positiven Effekte der engen Vater-Kind-Bindung. Erklären Sie den Langzeitplan, der vielleicht vorsieht, dass Sie beim nächsten Kind zu Hause bleiben und Papa wieder arbeiten geht. Und das Allerwichtigste: Halten Sie als Paar zusammen, damit es keine Angriffsfläche gibt.

Fall 2: Nur-Hausfrau

Nichts scheint in unserer heutigen urbanen Welt mehr fehl am Platze zu sein als diese urdeutsche Daseinsform: Hausfrau. Das »Heimchen am Herd«, das sich um Küche, Kinder und das Wohl des Mannes sorgt. Ist sie deshalb ein ausgestorbenes Wesen? Nein, denn 35 Prozent aller Mütter in Deutschland sind ausschließlich Hausfrauen oder, was die Tätigkeit eher beschreibt, »Familienmanagerinnen«.

Fall 3: Karriere statt Stillen

Über die vielen Vorteile des Stillens herrscht in Deutschland großer Konsens. Dennoch gibt es auch Frauen, die nur kurz stillen wollen, um sehr bald nach der Geburt wieder arbeiten zu können. »Es wäre schon ein wichtiger Schritt, wenn wenigstens einige Kinderärzte und Hebammen Frauen die Angst nähmen, sie seien schlechte Mütter, wenn sie bald nach der Geburt wieder arbeiten oder nicht stillen«, sagt die Soziologin Gisela Erler. Ihr geht es nicht darum, Frauen vom Stillen abzuhalten, sondern Frauen bei ihren Entscheidungen zu unterstützen, ganz gleich, ob sie stillen oder arbeiten wollen. »Kein Kind wird ein glücklicherer Mensch, wenn die Mutter es nur wegen des gesellschaftlichen Drucks stillt.«

TO DO: Wer das Gefühl hat, mit seiner Meinung allein auf weiter Flur zu stehen, tut sich besonders schwer damit, sie auch durchzusetzen. Was Sie jetzt ganz dringend brauchen, ist Unterstützung für Ihre Position – die können Sie zum Beispiel beim Frauenarzt, einer Freundin oder anderen Gleichgesinnten finden.

Nicht alles selbst machen müssen

Als Mutter fühlt man eine große Hingabe an alles, was es rund ums Baby zu tun gibt – vom Stillen oder Fläschchenzubereiten bis hin zum Beruhigen. Etwas in uns schaltet mit der Geburt auf »100 Prozent Dienstleistung« um. Das macht sich nicht nur in einer lückenlosen Kinderbetreuung bemerkbar, sondern wir widmen uns plötzlich auch jedem anderen Kleinkram. Leicht kann da mal das Gefühl aufkommen, überfordert zu sein. Hilfe anzunehmen müssen wir erst lernen.

Jobs verteilen

Legen Sie gemeinsam mit Ihrem Partner fest, welche festen »Jobs« er übernehmen kann. Zum Beispiel könnte er immer morgens das Baby waschen und wickeln oder es abends zu Bett bringen. Im Haushalt könnte er für den Wocheneinkauf zuständig sein. So gewinnen Sie regelmäßig wertvolle Zeit für sich – und können bestimmte Aufgaben von Ihrer mentalen To-do-Liste streichen. Beides zusammen macht den Kopf wieder frei.

Arbeiten lassen

Weihnachten steht vor der Tür? Ihr Partner hat Geburtstag? Bloß keine Hektik! Tun Sie nur, was Sie gern machen. Plätzchen backen vielleicht? Oder einen Kuchen? Ansonsten lassen Sie sich helfen. Vom Partner, von Ihren Eltern, von einer Freundin oder einer Nachbarin.

Gut statt perfekt

80 Prozent reichen jetzt auch. Nichts muss perfekt sein. T-Shirts und Unterwäsche werden nicht gebügelt, im Garten darf das Unkraut eine Weile länger wachsen, die Wohnung verträgt etwas mehr Unordnung. Wer es schafft, den eigenen Perfektionismus auszuschalten, entspannt und vereinfacht seinen Alltag. Das bestätigt eine Untersuchung der Universität von New Mexico: Übertriebene Genauigkeit macht krank! Glücklicher lebt, wer den Mittelweg zwischen Perfektionismus und Schlamperei findet.

Schnelle Küche

Egal, ob Gäste kommen oder es nur um das gemeinsame Abendessen geht: Mehrgängige Menüs oder komplizierte Gerichte sollten erst mal passé sein. Eine gute Quelle für die einfache und schnelle Küche sind Singlekochbücher. Das Rezept: Lecker kochen mit wenig Zeit und Aufwand. (Mehr zum Thema Schnelle Küche finden Sie in → Kapitel 1, Seite 27 ff.).

Rat von anderen Müttern

Wo gibt es die besten Windeln? Welcher Kinderarzt hat einen guten Ruf? Was sind die besten Hausmittel gegen Schnupfen? Antworten auf all diese Fragen kann man sich natürlich selbst suchen. Leichter ist es jedoch, man greift auf den Erfahrungsschatz anderer Mütter zurück. In den örtlichen Familienzentren, Kirchen oder Gemeinden gibt es meist offene (Baby-)-Treffs, in denen man gezielt das Weltwissen der Mütter anzapfen kann.

Schluss mit »mal schnell«

Was haben wir früher nicht alles »mal schnell« erledigt: Mal schnell nach dem Büro in den Supermarkt gehetzt, mal schnell die Waschmaschine angeschmissen, mal schnell eine Geburtstagskarte geschrieben … Klar, dass wir diese »Mal-schnell«-Masche nach der Geburt beibehalten wollen. Schließlich haben wir jetzt noch einen weiteren Grund, warum wir nicht ewig viel Zeit in alles und jedes investieren können: das Baby.
Falsch gedacht. Gerade jetzt, wo das Neugeborene einen Großteil Ihrer Zeit beansprucht, sollten Sie sorgsam mit Ihren

Ressourcen umgehen. Wussten Sie eigentlich, dass Geschwindigkeit und Effizienz unseren Lebensrhythmus immer stärker dominieren? Der Bamberger Soziologe Manfred Garhammer hat in einer Studie belegt, dass in immer kürzerer Zeit geduscht oder gegessen – und im Schnitt eine halbe Stunde weniger geschlafen wird als noch vor 30 Jahren!

Dabei ist das genaue Gegenteil wichtig für alle frisch gebackenen Eltern! Entschleunigung heißt daher auch das Zauberwort, mit dem Sie dem Baby-Burnout wirksam vorbeugen können. Hier unsere Gegenstrategien:

→ **SCHLUSS MIT ZEITDRUCK** Damit ist nicht gemeint, dass Sie künftig alles im Schneckentempo erledigen sollen, sondern vielmehr, dass Sie sich die Zeit nehmen, die Sie für gewisse Dinge brauchen. Und zwar ohne schlechtes Gewissen. Absolute No-Gos sind ab jetzt Sätze wie: »Ich geh mal schnell aufs Klo.«, »Ich les mal schnell meine E-Mails« oder »Ich geh mal schnell zum Sport.«

→ **PRIORITÄTEN SETZEN** Fenster putzen, Wäsche waschen, staubsaugen: In einem Haushalt mit Baby gibt es immer viel zu tun. Wohl jeder neuen Mutter fällt auf, wie viel schneller die Wohnung schmutzig wird, wenn man sie den ganzen Tag und nicht nur abends nach dem Büro nutzt. Trotzdem: Alles auf einmal können Sie nicht erledigen. Entscheiden Sie sich guten Gewissens für das Nötigste.

→ **BEWUSST NICHTS TUN** Und zwar regelmäßig! Zehn bis dreißig Minuten am Tag, an denen Sie absolut nichts tun, müssen drin sein! Sie werden merken: Nach so einer intensiven Auszeit sind alle Sinne geschärft. Oft kommen einem in dieser Zeit sogar die besten Einfälle!

» Nach außen bin ich wie eine gut funktionierende Maschine, alles läuft geregelt ab. Tack. Tack. Tack. Nichts wirft mich aus der Bahn. Alltag, Kinder, die ich unendlich liebe, Mann, Haushalt. Tack. Alles wird organisiert, alles klappt. Tack. Ich bin die treibende Kraft für viele, die mich umgeben – aber in meinem Innersten herrscht Chaos. «

[Marie-Theres Relin | *Autorin*]

SANFTES TRAINING

Viele Yogaübungen können Sie auch kurz nach der Geburt schon wieder machen. Raffen Sie sich auf – und ein gutes Körpergefühl ist Ihnen sicher!

5 Basics für Mamas Entspannung

LUXUSKÖRPER

Verwöhnen Sie Ihren Body mit einer Extraportion Luxus. Glitzernder Körperpuder bringt Glamour in den Babyalltag!

PRICKELNDE MOMENTE

Sie sehnen sich nach einem anregenden Glas Sekt oder einem entspannenden Glas Wein? Gönnen Sie es sich! Ab und an dürfen das auch stillende Mütter.

KLEINES NICKERCHEN

Wer nachts öfter im Einsatz ist, sollte den Schlaf tagsüber nachholen. Nehmen Sie sich so oft wie möglich Zeit für einen Mittagsschlaf.

FARBE INS HAUS

Beschenken Sie sich selbst – mit Blumen. Die bunten Farben und der Duft machen richtig Laune.

Kleine Fluchten

Jetzt haben Sie es sich verdient! Was sonst der Vernunft oder aus Budgetgründen geopfert wird, darf sich Mama gönnen. Von verwöhnenden und pflegenden Beauty-Produkten bis hin zu frischen Blumen – das heitert zwischen all den Babythemen auf, wirkt Wunder bei Stimmungstiefs und bringt mehr Schwung in den Alltag. Ihr Baby wird es Ihnen danken, denn gute Laune ist ja bekanntlich ansteckend. Unsere Hitliste der sinnigen und unsinnigen Kleinigkeiten ohne Aufwand, aber mit hohem Wohlfühlfaktor finden Sie in den »Basics« links.

Politisch unkorrekt sein bringt Spaß

Kino, Freunde und Bekannte treffen, Fitnessstudio – das ist nur ein kleiner Ausschnitt aus unserem früheren Freizeitprogramm. Vermutlich schafft es kein Elternpaar, diesen Level aus kinderlosen Zeiten je wieder zu erreichen. Und vermutlich will es auch keines. Schließlich setzen wir durch den Familienzuwachs neue Prioritäten. Wir verpassen nicht viel, wenn wir nicht mehr jeden zweiten Abend unterwegs sind. Denn erstens haben wir schon viel erlebt, und zweitens haben wir erkannt, dass wir unsere Freizeit häufig auch mit schlechten Filmen oder überflüssigen Dates verschwendet haben.

Trotzdem: Wer ein ausgeprägtes Social Life hatte, will das auch nach der Geburt zumindest teilweise wieder aktivieren. Zu Recht, schließlich sind wir zwar Eltern, aber deshalb noch lange keine Langweiler geworden.

Wie Sie wieder mehr Freizeitaktivitäten neben dem täglichen Windel-Wahn einbauen, sehen Sie ab → Seite 72. Grundvoraussetzung ist aber, dass Sie als Mutter frühzeitig Freiräume für sich etablieren – auch wenn das einigen Menschen und Institutionen in Ihrem Umfeld sicherlich nicht passen wird (→ »Dogmen über Bord werfen«, Seite 54). Denn von der perfekten Mutter gibt es immer noch sehr viele festgeschriebene und festgefahrene Bilder in den Köpfen der Menschen, die meist wenig mit Entspannung und Freiräumen für die neue Mama zu tun haben.

Auch wenn Annes Geschichte (→ Erfahrungsbericht auf Seite 61) in den Augen mancher vielleicht nicht ganz korrekt ist:

Die Hitliste der kleinen Wohlfühl-Oasen

1 → Die Lieblingszeitschrift abonnieren

2 → Jede Woche frische Blumen für sich selbst kaufen

3 → Morgens mit Aroma-Gel duschen

4 → Urlaubs-Musik auflegen und mit dem Baby durch die Wohnung tanzen

5 → Guten italienischen Kaffee trinken

6 → Ohrläppchen reiben – das entspannt!

7 → Ausnahmsweise mal einen guten Film im Nachmittagsprogramm nebenbei laufen lassen

8 → Tageskalender mit heiteren Sprüchen aufhängen

9 → Sich mit dem Partner per »Kühlschrank-Poesie« nette Nachrichten schreiben

10 → MTV schauen oder eine hippe Sendung, die spätnachts läuft

11 → Sich für einen normalen Tag zurechtmachen, als ob Sie ausgingen

12 → Nach dem Abendessen oder Kinobesuch mit Freundinnen nicht nach Hause fahren, sondern in der nächsten Bar versumpfen, während Ihr Partner das Baby hütet

13 → Ein Stadtmagazin kaufen und dem Tipp des Tages folgen – egal wohin

Sie ist echt und sie ist ehrlich. Die meisten Mütter haben das eine oder andere Bedürfnis, das sie ihrem Kind zuliebe oft genug zurückstellen. Aber ab und an darf man es sich erlauben, auch mal egoistisch zu sein, sich gezielt einen Freiraum zu schaffen, um tun und lassen zu können, was man mag. Lassen sie sich von anderen deshalb nicht zur »Rabenmutter« abstempeln. Denken Sie immer daran: Eine ausgeglichene, glückliche Mutter ist die beste Mutter!

2

Stress abbauen

Kind, Partner, Haushalt, Job – um allen Anforderungen gerecht zu werden, versuchen wir oft mit viel Hektik, möglichst alles gleichzeitig zu bewältigen. Auf irgendetwas verzichten? Schwierig. Entweder es ist schlicht nicht möglich (beispielsweise bei der Kinderpflege), oder man möchte es auch gar nicht (zum Beispiel beim eigenen Job). Folgende Tipps helfen, den Stress abzubauen und zu entspannen.

Mit der Strömung, nicht gegen sie

Sie wollen Ihr Kind in den Babysitz packen, um zu einer Freundin zu fahren. Gerade heute weigert sich Ihre Tochter und brüllt so lange, bis Sie aufgeben und absagen müssen. Hätten Sie lieber beharren sollen und den Tag mit einem missgelaunten, schreienden Baby verbringen sollen? Ärgern Sie sich den ganzen Tag, dass Sie Ihre Planung ändern mussten? Das bringt nicht weiter und frustriert nur. Trainieren Sie sich lieber Coolness für alle Arten von Zwischenfällen an. Sie müssen immer darauf gefasst sein, dass Ihre Vorhaben plötzlich und unerwartet vom Baby unterbrochen werden. Wer lernt loszulassen, kommt nicht so leicht aus der Ruhe.

ERFAHRUNGSBERICHT

Anne (34) mit Johanna

An meinem Geburtstag wollten mein Mann und ich schön essen gehen. Schon Wochen vorher engagierte ich meine Eltern als Babysitter und lieh eine Milchpumpe aus, damit Johanna trotz meiner Abwesenheit ihre späte Abendmahlzeit bekommen konnte. Nur mein Mann und ich – wie in unserem früheren Leben! Weil ich ja die Abendmahlzeit auf Vorrat abgepumpt hatte, habe ich guten Gewissens Wein getrunken und nach dem Essen sogar eine Zigarette geraucht. Von dem Abend habe ich noch lange gezehrt.

Tapetenwechsel bringt neue Impulse

Es ist wichtig, sich bewusst Auszeiten zu nehmen und für den intellektuellen Ausgleich zu sorgen, zum Beispiel eine Stunde ins Museum gehen, ein Buch lesen oder abends ins Theater gehen. Unser Tipp: Klinken Sie sich am Wochenende für ein paar Stunden aus dem Familienleben aus und gehen Sie kurz ins Museum. Das beflügelt und inspiriert. Auch wenn die Zeit nur kurz ist, hat man danach wieder mehr Energie und gute Laune für alles andere.

Mentale Oasen schaffen

Stress entsteht, wenn es hektisch wird. Bei Geburtstagen, Weihnachten etc. lieber früh mit den Vorbereitungen anfangen – und so gezielt Freiräume vor dem Besuch schaffen, in denen Sie Kraft tanken.

Ruhe bringt neue Kraft

Lassen Sie einmal am Tag Stille einkehren – im Waschkeller oder im Garten, wenn das Baby schläft. Schärfen Sie Ihre Sinne für diese kleinen Momente, und schöpfen Sie aus ihnen Kraft.

Dem Kind und sich etwas zutrauen

Stillen in der Öffentlichkeit? In den Urlaub mit dem vier Monate alten Baby? Zu dritt abends ins Restaurant? Hier sollte die Devise lauten: Einfach ausprobieren. Egal, ob »man das macht«, ob es dem Baby zuzutrauen ist und was die anderen darüber denken. Erst wer es selbst getestet hat, weiß, was für die eigene kleine Familie gut ist und was nicht. Ihr Baby wird Ihnen zeigen, ob es ihm gut geht oder nicht.

Gute Erfahrungen motivieren, sich und dem Baby etwas zuzutrauen. Den Mut sollten Sie auch nicht verlieren, wenn es einmal nicht klappt. Rückschläge wird es immer wieder geben, beispielsweise weil das Baby Zähne bekommt. Das nächste Mal wird es bestimmt wieder klappen!

Ob ein Ausflug/Urlaub für Mama mit Baby geeignet ist, können Sie ganz schnell feststellen:

→ **KANN MAN DIE UNTERNEHMUNG JEDERZEIT ABBRECHEN?** Das ist beispielsweise möglich bei jeder Fete, jedem Lokalbesuch, jedem Ausflug.

→ **IST EIN ARZT ERREICHBAR, GIBT ES EINE ÜBERSETZUNGSHILFE?** Das ist etwa in Hotels im europäischen Ausland meist kein Problem.

→ **WAS KANN IN EINEM WORST-CASE-SZENARIO PASSIEREN?** Die Antwort lautet meist »Nicht viel«. Aber es ist hilfreich, »Horrorszenarien« vorab durchzuspielen und Lösungen zu finden, bevor tatsächlich etwas passiert.

Das Baby loslassen lernen

Typisch Mutterliebe: Man hat das Wunder vollbracht, das Kind auf die Welt zu bringen – und nun will man auch rund um die Uhr für das noch völlig hilflose Wesen da sein. Diese Symbiose ist wunderschön – sie engt unseren Radius aber auch ganz gewaltig ein. Manche Frauen stört das mehr, andere weniger oder gar nicht. Fest steht jedoch: Früher oder später kommt der Zeitpunkt, an dem Sie das Baby anderen überlassen müssen oder wollen. Deshalb sollten wir das Baby loslassen lernen – und den Gedanken akzeptieren, dass auch andere Bezugspersonen wichtig für die Entwicklung des Kindes sind und übrigens auch bestens für es sorgen können.

Das Papa-Baby-Team

Die erste andere Bezugsperson ist natürlich der Papa. Das ist doch selbstverständlich, finden Sie? Ihr Partner nimmt Ihnen den Säugling oft ab, damit Sie auch etwas Zeit für sich haben? Schön! Aber: Lassen Sie wirklich los?

Bestimmt kennen viele den Mama-Instinkt, der uns das Loslassen manchmal nicht leicht macht. Eine Einrichtung der Natur – schließlich soll das Kind nicht an irgendwen »abgeschoben«, sondern nur liebevollen Menschen zur Betreuung überlassen werden. Solche Menschen hat jede Mutter um sich, selbst wenn sich kein Papa kümmert, die Omas weit weg wohnen. Vielleicht gibt es eine Nachbarin, die sich freut, wenn sie ab und an mit dem Baby spazieren gehen darf? Oder eine Schülerin in Ihrer Nähe, die sich in ihrer Freizeit ein paar Euro verdienen möchte? Egal, mit wem Sie das Loslassen lernen, Sie sollten es tun – sich und Ihrem Kind zuliebe. Sonst kullern schon die Tränen, wenn Sie nur mal allein zum Briefkasten gehen möchten. Und Ihr Kind hat spätestens im Kindergarten große Eingewöhnungsschwierigkeiten.

Den Papa-Tag einführen

Wenn Sie zu den knapp fünf Prozent der Familien gehören (so eine Umfrage des Bundesministeriums für Familie, Senioren, Frauen und Jugend im Jahr 2005), in denen die Väter Elternzeit nehmen, können Sie diesen Abschnitt besten Gewissens überspringen. Eventuell würde in Ihren Alltag ein »Mama-Tag« ohnehin besser passen …

Es ist aber nun mal in Deutschland so, dass die Babys – selbst wenn die Mütter arbeiten – im Alltag mehr Kontakt zur Mutter als zum Vater haben. Und die Mütter mehr als die Väter mit den Alltagsfreuden, aber auch mit den Alltagssorgen um das Kind zu tun haben. Deshalb finden wir einen regelmäßigen »Papa-Tag« klasse, für das

Baby, für den Vater und last but not least für uns Mütter!
Fast alle Väter freuen sich, das Baby einmal ganz für sich zu haben – und sind stolz wie Oskar, wenn sie das dann das erste Mal auch wirklich »geschafft« haben. Meistens unternehmen Väter ganz andere Dinge mit den Babys, als wir es tun. Sie nehmen sie mit auf den Fußballplatz, machen Cabrio-Ausfahrten mit ihnen oder gucken im Fernsehen Formel 1…
Solche Erlebnisse machen den echten Papa-Tag aus. Deshalb ist es auch kein echter Papa-Tag, wenn der Vater mit dem Kind zu seinen Eltern oder Schwiegereltern aufbricht, dort die Versorgung des Kindes der Oma überlässt – und zum Dank dafür auch noch bekocht wird. Nein, an einem echten Papa-Tag sorgt der Papa für das Kind. Spätestens nach dieser Erfahrung, für das Kind einmal wirklich allein die Verantwortung übernommen zu haben, wird er Sie auch nicht mehr mit Kommentaren wie »Du hast doch den ganzen Tag nichts zu tun« belästigen. (Ja, solche unverschämten Behauptungen sollen selbst emanzipierten Vätern schon rausgerutscht sein). Die Erfahrung, wie viel Arbeit ein Baby bedeutet, kann er nur machen, wenn er mal über einen längeren Zeitraum – am besten auch über Nacht – mit dem Kind allein ist. Also was sollte dagegen sprechen, den Papa-Tag bald mal auf ein ganzes Papa-Wochenende zu erweitern?

Netzwerke bilden

Wenn sich Frauen gegenseitig unterstützen, machen sie sich das Leben leichter. Das gilt für den Job genauso wie für das Leben als Mama.
Gerade in schwierigen Situationen, beispielsweise bei Babyblues, im Spannungsfeld zwischen Kind, Job und Partnerschaft oder bei gesundheitlichen Problemen, können Netzwerke helfen. Der Rat von Gleichgesinnten, ein Erfahrungsbericht einer anderen Mutter oder das spontane Hilfsangebot einer Freundin wirken hier oft schon Wunder.
Initiative ergreifen statt im Babysumpf zu verzweifeln ist ein gutes Motto für alle Mütter. Aber nicht nur gute Freundinnen können im Notfall helfen.

So bauen Sie sich Ihr persönliches Netzwerk auf

→ **ERFAHRUNGEN SAMMELN**
Sammeln Sie möglichst viele Informationen, Erfahrungen und Berichte von anderen Müttern – wo immer sich die Gelegenheit bietet. Zögern Sie nicht, wie bei einer Recherche immer wieder die für Sie wich-

tigen und brennenden Fragen nach Kind, Partnerschaft und Co. zu stellen. So kommen Sie an viele praktische Tipps.

→ NEUE LEUTE KENNEN LERNEN Sie sind auf eine Party, ein Familienfest oder einen Kindergeburtstag eingeladen? Gehen Sie bewusst auf neue, unbekannte Leute zu. Trauen Sie sich auch, die Personen zu werten: Interessiert mich der- oder diejenige weiter? Kann er oder sie mich weiterbringen? Und – ganz wichtig – auch umgekehrt: Können Sie auch für die Person nützlich sein? Das ist besonders wichtig in beruflichen Fragen, denn hier gehören Netzwerke zu den Erfolgsfaktoren. (Und auch wenn Sie jetzt gerade in Elternzeit oder auf längere Zeit »Nur-Mutter« sind, können gute berufliche Connections nie schaden.)

→ Behalten Sie das MOMMY-DATING immer im Hinterkopf. Denn es ist wirklich so: An Orten, wo man nicht damit rechnet, trifft man meist die coolsten Mütter (→ mehr dazu auf Seite 80 f.).

→ KONTAKTNETZWERK AUSBAUEN Man muss nicht gleich seinen ganzen Freundeskreis austauschen. Im Gegenteil: Gerade Ihre alten Freunde brauchen jetzt besondere Pflege (→ Seite 93 ff.). Trotzdem ist es wichtig, die Kontakte um einen Mütter-Bekanntenkreis zu erweitern, z. B. aus dem PEKiP-Kurs, dem Baby-Treff oder der Nachbarschaft. Networken Sie mit Frauen, mit denen Sie bewusst nichts anderes verbindet als die gemeinsamen Fragestellungen rund ums Kind. Für viele Alltagsfragen (Welche Milch nach dem Stillen?), Organisationsprobleme (Wo gibt es gute Babysitter?) oder SOS-Situationen (Was hilft bei Blähungen?) finden Sie so rasch Hilfe.

→ DAS NETZWERK PFLEGEN Die neuen Netzwerk-Kontakte brauchen Pflege. Nutzen Sie Feierlichkeiten und andere Anlässe, um Karten (per Post ist besser als per Mail) zu schreiben, z. B. Weihnachtsgrüße. Wenn Sie mit dem Baby aus dem Gröbsten raus sind, laden Sie wieder regelmäßig Gäste ein – ruhig auch aus Ihrem erweiterten (kinderlosen) Bekanntenkreis, das sorgt für andere Impulse! Der Tipp einer der erfolgreichsten Gastgeberinnen Deutschlands, Gabriele Henkel, lautet: Acht bis zwölf Gäste sind eine gute Voraussetzung für gelungene Abende. So kann man jeden Gast wichtig nehmen und ihm das Gefühl geben, er sei der Mittelpunkt. Fakt ist also: Es kommt weniger auf aufwendige Menüs oder Deko, sondern vielmehr auf die Stimmung an.

→ ONLINE-FOREN BESUCHEN Es gibt auch im Internet viele Seiten, die sich speziell an Mütter wenden und in den verschiedensten Situationen Hilfe anbieten. Nutzen Sie sie als Informationsquelle, für einen Expertenrat oder als Möglichkeit, sich mit Gleichgesinnten auszutauschen (Adressen → Seite 155 und 156).

Wie viel Baby-Life-Balance haben Sie?

→ Welche der folgenden Aussagen treffen eher auf Sie zu? Kreuzen Sie die entsprechenden Antworten an, und ermitteln Sie die Gesamtsumme. Die Auswertung verrät Ihnen, ob sich Baby, Zeit für sich, die Liebe, Freunde und Co. in Ihrem Leben die Waage halten.

	STIMMT	STIMMT NICHT
Ein Minimum an Beauty-Programm gönne ich mir jeden Tag.	1	0
Wenn das Baby schreit, kann ich das auch kurz mal überhören.	1	0
Sobald das Baby schläft, beschäftigt mich der Haushalt.	0	1
Wenn mein Partner aus dem Job kommt, übernimmt er das Kind.	1	0
Ich habe seit Wochen keine Zeitung/Zeitschrift mehr gelesen.	0	1
Einen Babysitter für mein Kind habe ich noch nicht.	0	1
Baby hin oder her – einmal pro Woche muss ich Freunde sehen.	1	0
Meine Arbeitskollegen treffe ich ab und zu zum Mittagessen.	1	0
Zweisamkeit ist in unserer Beziehung momentan ein Fremdwort.	0	1

Mit dem Baby ins Café, ins Museum oder an den See – wir probieren alles aus.	1	0
Manchmal fällt mir zu Hause die Decke auf den Kopf.	0	1
Es gibt Momente, in denen ich meinem alten Leben nachtrauere.	0	1

Auswertung

7 PUNKTE UND MEHR

SIE SETZEN IHRE EIGENEN PRIORITÄTEN

Wunderbar, Sie haben trotz kleinem Baby schon ein paar Freiräume für sich gefunden! Sie haben die schwierige Umstellung zum Leben als Mama geschafft. Sie haben Ihr Leben neu organisiert, ohne sich oder Ihr Baby dabei aus den Augen zu verlieren, das heißt, Sie haben Baby-Life-Balance. Natürlich ist nicht alles so wie früher, aber so soll es ja auch gar nicht sein. Sie haben es geschafft, nicht zur bloßen Erfüllungsgehilfin des lieben Kleinen zu mut(t)ieren, sondern auch sich selbst und die eigenen Bedürfnisse wieder wichtig zu nehmen. Sie haben Partnerschaft, Freunde und Co. neben Ihrem Baby mit auf die Prioritätenliste gesetzt. Denn Sie wissen, Sie sind kein anderer Mensch, nur weil Sie Mama geworden sind.

BIS 6 PUNKTE

IHR BABY VERZAUBERT SIE

100 Prozent Kind – beglückt oder vereinnahmt Sie das? Wenn es Sie beglückt, dann genießen Sie die wunderbare Zeit mit Ihrem Baby. Wenn nicht, dann sollten Sie schnell etwas unternehmen. Natürlich fordern die Kleinen viel Energie, natürlich wollen wir alles richtig und perfekt machen. Aber die Erfahrung zeigt, dass es nicht nur Ihnen, sondern auch dem Kind gut tut, andere Bezugspersonen zu haben. Es geht um Selbstverwirklichung, aber auch um Zeit für die Liebe, die Freunde, den Job. Spätestens, wenn der Partner oder Freunde zu Ihnen sagen »Gibt's Dich eigentlich noch?«, ist die Zeit reif für mehr Baby-Life-Balance. Und die fällt nicht schwer mit etwas Mut und den vielen hilfreichen Tipps, die Sie in diesem Buch finden.

Möbeln Sie Ihr Selbstbewusstsein auf

Sie sind inzwischen schon ein gutes Stück weitergekommen auf dem Weg zurück zum Ich. Sie haben sich ein Netzwerk aufgebaut, Ihr Partner und Ihre Familie unterstützen Sie und das Baby – jetzt fehlt Ihnen nur noch ein kleiner Kick fürs Selbstbewusstsein, um sich richtig wohl zu fühlen in Ihrem neuen Leben als Mama.

Der Kinderwagen-Kick

Ein kleines Mama-Flirt-Programm hebt die Laune und möbelt sofort das Selbstbewusstsein auf. Und mit Kinderwagen lässt sich richtig gut flirten – klingt ungewöhnlich, ist aber so. Ein Test lohnt sich! Denn es entspannt jeden Flirt, wenn es nur um den Blickkontakt und den Spaß in diesem Moment geht. Weiteres Kennenlernen ist ausgeschlossen. Das wissen beide, und das macht den Flirt so locker – und erfolgreich. Keine Spur von Desinteresse in der Männerwelt gegenüber Frauen mit Kind. Im Gegenteil: Viele finden junge Mütter attraktiv und charmant – beliebte Promi-Mamas wie Gwyneth Paltrow oder Heidi Klum machen's vor.
Zum kleinen Flirt gehören drei Regeln – die Sie sicher aus der Single-Zeit noch kennen, an die Sie sich als Mama vielleicht aber gerade nicht (mehr) erinnern.

Regel Nr. 1: Körperhaltung

Das bringt nicht nur etwas in Sachen Flirten, sondern nutzt auch dem Beckenboden: eine gute Haltung. Brust raus, Schultern nach hinten, Pobacken fest anspannen. Und los geht's mit dem Kinderwagen, den man locker vor sich her schiebt. Das sieht gleich viel besser aus als ein krummer, nach vorn gebeugter Körper, der müde hinter dem Kinderwagen klemmt.

Regel Nr. 2: Klamotten

Nicht jeder Ausflug muss gleich zum Schaulaufen werden. Aber ein schönes Outfit, Lip-Gloss und Sonnenbrille lassen gleich einen coolen Mama-Look entstehen. Schließlich sind wir stolz auf unser Baby und mit Freude und nicht mit Verbissenheit Mama – und das können ruhig alle sehen.

Regel Nr. 3: Blick

Sonnenbrille nonchalant in die Haare stecken – und offen in die Welt schauen. Wann sonst kann man es sich schon ungeniert (und folgenlos …) leisten, den smarten Typen einfach anzulächeln? Unser Kind gibt uns Selbstvertrauen und allen anderen einen wichtigen Hinweis: Mama flirtet, ist aber sonst – sorry – schon gebunden!

Schönen Gruß vom Beckenboden

Alle Mütter wollen ihre alte Figur zurück. Viele haben aber keine Lust auf oder Zeit für kollektives Schwitzen in Rückbildungskursen. Das ist auch gar nicht nötig. Viel effektiver als eine Stunde Training pro Woche sind ohnehin zehn Minuten täglich. Bei einer normalen, unkomplizierten Geburt können Sie schon sehr bald danach mit der Rückbildungsgymnastik anfangen, sonst fragen Sie besser vorher Ihre Hebamme oder Ihren Frauenarzt.
Bis Sie wieder so richtig Bauch-Beine-Po-Übungen machen können oder sich vielleicht sogar auf Ihre übliche Laufstrecke wagen dürfen, kann unterschiedlich viel Zeit vergehen. Geben Sie sich auch nach einer unkomplizierten Geburt unbedingt ein paar Monate Zeit, bevor Sie Ihren Beckenboden mit Sprüngen oder anderen Erschütterungen belasten.

Beckenbodenübungen in der Praxis

Die meisten Ex-Schwangeren können das Wort »Beckenbodenübungen« nicht mehr hören. Sie sind aber nach der Geburt noch wichtiger als während der Schwangerschaft und sollten daher essenzieller Teil jeder Rückbildungsgymnastik sein.
Hier zwei Übungen, die Sie zwischendurch gut machen können:
Übung 1: Ausgangsposition: Rückenlage, Beine ausgestreckt, Zehen zeigen zur Decke, Hände liegen seitlich neben dem Körper. Becken anheben, dabei ausatmen und Po, Beckenboden und Bauch anspannen. Diese Spannung mindestens sieben Sekunden halten, dabei normal weiteratmen und immer wieder nachspannen. Je nach Verfassung 10- bis 15-mal wiederholen.
Übung 2: Ausgangsposition: Rückenlage, Beine ausgestreckt, Handflächen zeigen nach oben und liegen seitlich neben dem Körper. Die Fußknöchel übereinander schlagen, beim Ausatmen den Kopf anheben, Beine zusammenpressen, Po, Beckenboden und Bauch anspannen, mindestens sieben Sekunden halten, dabei immer wieder nachspannen. Je nach Verfassung 10- bis 15-mal wiederholen.

Der Blick in den Kleiderschrank frustriert Sie nur noch? Dann ist es höchste Zeit für ein paar schicke, neue Outfits, damit Sie sich wieder rundum wohl fühlen!

Das Outfit aufpeppen

Das Baby ist da – und mit ihm sind glücklicherweise auch die ersten Kilos geschmolzen. Aber meist nicht genug, um schon wieder in unsere alten Klamotten zu passen. Dabei ist gerade jetzt – nach fast zehn Monaten der verpassten Sommerlooks und Wintertrends – die Lust auf Mode besonders groß. Die Frage »Was ziehe ich heute an?« stellt sich in dieser Zeit mit besonderer Härte: Einfach mal die Jeans probieren, die vor der Schwangerschaft ohnehin ein bisschen locker saß? Das Ergebnis sieht leider oft so aus: Wir kriegen sie gerade mal bis zu den Oberschenkeln und können uns überhaupt nicht vorstellen, dass die jemals wieder passen soll. Also schlüpft man doch widerwillig in die inzwischen verleidete Umstandsmode. **WIE LANGE NOCH?** Nach vielen Monaten im Dauereinsatz kann man die Teile mit den elastischen Bündchen nun wirklich nicht mehr sehen!

Doch es gibt keine Regeln, wann und ob überhaupt eine Frau ihre Figur, die sie vor der Schwangerschaft hatte, wiedererlangt. Die Antwort setzt sich aus den Faktoren Stilldauer, Geburtsverlauf, Sport, Ernährung und schlicht unbeeinflussbarer Veranlagung zusammen. Mit einem Kaiserschnitt oder einem Dammriss/-schnitt kann man erst später mit dem normalen Sportprogramm starten. Je länger man stillt, desto leichter purzeln die Kilos. Es gibt aber auch Frauen, die nur kurz stillen können oder wollen und ein intensives Sportprogramm starten und ähnliche Effekte erzielen. Wie Sie auch vorgehen – nehmen Sie Gewicht und Körperformen nicht so wichtig. Vor allem nicht in der ersten Zeit mit Baby! Unser Tipp: Tun Sie etwas für Ihr Outfit und gehen Sie einkaufen. Lassen Sie sich nicht bequatschen, dass Sie die neue Kleidergröße (zwischen alter Kleidergröße und Umstandsklamotten) ja doch nicht lange tragen werden und sich Shopping nicht lohnt. Gerade jetzt braucht Ihr Selbstbewusstsein Streicheleinheiten – und auch Ihr Umfeld freut sich über eine strahlende Mama im neuen Look. Investieren Sie ein angemessenes Budget in Trends – es gibt genug Kaufhaus-Ketten mit Mode zu akzeptablen Preisen. Wir empfehlen folgende Basics: ein komplettes Outfit, mit dem man Besuch empfangen oder sich für ein Abendessen zu zweit schick machen kann. Und ein paar Teile, die den Look zu Hause aufpeppen. Das erhöht den Wohlfühlfaktor garantiert um 100 Prozent – und wirkt Wunder bei Babyblues und Stimmungstiefs. Guter Nebeneffekt: Beim nächsten Kind können Sie die Klamotten wieder anziehen – und so den Zeitpunkt, ab dem Sie Umstandsmode tragen müssen, nach hinten schieben.

ERFAHRUNGSBERICHT

Heike (31)

Unser Sohn kam im Juni auf die Welt – im August und September waren wir auf drei Hochzeiten eingeladen. »Was ziehe ich bloß an?«, war für mich eine brennende Frage. Der Rat meiner Mutter lautete: Nimm etwas aus deiner Umstandsmode, denn etwas Neues kaufen lohnt sich nicht – du trägst es ja doch nicht lang. Als uns meine Schwiegermutter besuchte und ich das Thema ansprach, lud sie mich spontan zu einem kleinen Einkaufsbummel ein. Mein Mann blieb bei unserem Kind, wir beide zogen los und fanden ein hübsches Kleid – passende Schuhe und Schmuck hatte ich im Repertoire. Ich sah toll aus und freute mich über das gelungene Styling. Das war vor zwei Jahren. Mittlerweile habe ich das Kleid enger nähen lassen – und habe es immer noch im Einsatz.

3 Beyond baby – Freizeit und Freunde genießen

→ Ausgehen mit Freunden, Urlaub, Hobbys – irgendwann prüft jedes Paar, wie viel vom »alten« Leben noch Platz hat im Familienalltag. Und erfreulicherweise stellen die meisten fest: Es ist viel mehr, als man anfangs zu hoffen wagte. Vorausgesetzt, man lässt sich von Organisatorischem nicht abschrecken und vergisst über dem »Mommy-Dating« die alten Freunde nicht.

Ausflüge machen flügge!

Mit Baby sind wir ganz viel an der frischen Luft unterwegs: Statt Büroluft zu schnuppern, gehen wir spazieren. Am Anfang machen sogar Touren in der nächsten Nachbarschaft Spaß – man findet sich in Kombination mit dem Kinderwagen schon spannend genug, da müssen die Ausflüge nicht groß sein. Schließlich will die Navigation dieses oft schweren Gefährts ja auch erst mal gelernt werden. Bald werden diese Übungs-Runden jedoch langweilig, und es wird Zeit, den Radius zu vergrößern.

Spontanität ade?

In den ersten Wochen, wenn alles noch ausschließlich um das Baby kreist, findet man es unglaublich inspirierend, mal ein Schaufenster zu sehen.
Also auf in die City, auch wenn die ersten Ausflüge mit Baby etwas anstrengend sind. Es ist nicht wie früher, als wir schnell Mantel und Handtasche gepackt haben und losgezogen sind. Egal war es auch, wenn man etwas vergessen hatte. Lässt man jetzt den Schnuller zu Hause liegen, wird das schon unangenehmer. Spätestens

wenn Ihr Kind den Schnuller für sich entdeckt hat, werden Sie auch diesen typischen gehetzten Eltern-Blick haben, wenn der einzige im Kinderwagen über Bord geht …

Glücklicherweise ist es einfach, auch mit Baby entspannt mobil zu sein. Dazu gehört, dass Sie den Bummel wie einen kleinen Event planen. Also besser gerade am Anfang nichts auf sich zukommen lassen und nicht spontan handeln! Mal eben mit dem frisch gewickelten Baby ohne viel Ballast in die Sonne? Bald werden Sie die Wickeltasche schmerzlich vermissen – mit Ersatzwindeln, Feuchttüchern oder einem Fläschchen, falls Sie nicht stillen. Zunächst kann man sich gar nicht vorstellen, wie viel Equipment – wenn man Pech hat – auch für einen ganz kurzen Ausflug nötig sein kann. Da reicht nicht nur eine neue Windel und ein Taschentuch – nein, man braucht Unmengen von Einmal-Waschlappen und in manchen Fällen eine komplett neue Garderobe!

Vergessen Sie auch nie, den Startzeitpunkt Ihrer noch so kleinen Unternehmung nach dem Essensrhythmus des Kindes zu timen – wer schon mal am Straßenrand im Auto gestillt hat, weiß, wovon wir sprechen. Aber trotz aller umständlichen Vorbereitungen lohnt sich jeder Ausflug wegen der schönen Momente, die nicht zuletzt erst durch das richtige Zubehör möglich werden: Beispielsweise kann man etwa ein Tragetuch im Park ganz einfach zur Decke umfunktionieren, das satte Baby schlummert, sein Lieblingsstofftier im Arm, ein – und Sie fühlen sich an den letzten Urlaub zurückerinnert, in dem Sie das letzte Mal unter der Woche einfach so in der lauen Frühlingssonne relaxt haben.

- Ein bisschen mehr Vorbereitung brauchen Sie, wenn Sie nicht stillen: Mit einer Thermoskanne voll abgekochtem Wasser und einem hygienischen Michpulver-Portionierer können Sie aber auch ganz relaxt losstarten.
- Immer dabei: ein Body und eine Hose zum Wechseln, mindestens zwei Windeln, Tücher zum Saubermachen, ein kleiner Müllbeutel, frische Schnuller (wenn Ihr Kind diese benutzt)
- kleines Spielzeug (je nach Alter)
- bei Wochenendausflügen praktisch: immer einige Blähungs- und Fieberzäpfchen dabeihaben

Diese Vorbereitungen müssen nicht lange Zeit in Anspruch nehmen. Sie können zum Beispiel einiges auf den Abend davor legen (Kinderwagen ins Auto packen, das nötige Zubehör rauslegen). Zeiten, in denen das Kind schläft, können Sie gut nutzen, um sich selbst in Ruhe für den Ausflug fertig zu machen. Das Allerwichtigste für Spontanausflüge aber ist, eine mit den Essentials gepackte Wickeltasche immer parat zu haben!

Mit Baby hat der Tag mehr Stunden

Mit Baby hat man weniger Freizeit als ohne? Stimmt, einerseits. Aber haben Sie es schon mal andersherum gesehen? Wenn Samstage und Sonntage nämlich schon nach einem Frühstück um 6.30 Uhr statt nach einem ausführlichen Brunch um 12 Uhr mittags beginnen, hat man auf einmal viel mehr vom Tag! Und damit auch mehr GESTALTUNGSMÖGLICHKEITEN für die Freizeit: So erledigt man die Wochenendeinkäufe, wenn die Läden noch leer und die Waren noch frisch sind. Und während sich die anderen dann nachmittags durch die Märkte schieben, ist man schon längst auf der Autobahn in Richtung See oder Waldspaziergang – ohne nervige Staus, weil man ja gegen den Strom unterwegs ist…

Anders als geplant, aber nie planlos

Selbstverständlich wird dieser Ausflug ins Grüne etwas anders aussehen als zu kinderlosen Zeiten – und er kann auch ganz anders verlaufen, als Sie es geplant haben (→ Seite 62). Aber deshalb grundsätzlich zu Hause bleiben und langsam zum Langweiler mutieren? Ohne uns! Mit der richtigen Einstellung und ein bisschen Übung kann man sich nämlich sogar im alten Stammcafé mit Kinderwagen wohlfühlen (→ Seite 78). Fortgeschrittene erleben dann sogar die erste Nacht ohne Kind (→ Seite 91 f.). Gratulation, wenn Sie diesen wichtigen Abnabelungsschritt zum ersten Mal gemacht haben! Denn auch wenn er allen Eltern schwer fällt, letztlich wird man die wiedererlangte Zweisamkeit genießen. Und dann hat man seine persönliche Baby-Life-Balance gefunden!

Pläne machen – und ändern

»Pläne sind dazu da, um geändert zu werden«, das ist nicht der schlechteste Wahlspruch für Eltern. Denn es gibt in einem Leben mit Kind nun mal mehr Unsicherheitsfaktoren als im Single-Dasein. Natürlich ist es manchmal frustrierend, Pläne den Umständen anpassen zu müssen, aber man kann auch Positives aus der neuen Situation ziehen. Mit unserem 3-Schritte-Plan klappt's auch bei Ihnen.

1 MACHEN SIE PLÄNE! Wegen des Unsicherheitsfaktors Kind vorsichtshalber auf vieles verzichten? Bloß nicht! Der Spielraum mit Kind ist größer, als die meisten frischgebackenen Eltern vermuten. Und klappt der ursprüngliche Plan nicht, ist häufig eine Variante des Masterplans möglich. Wenn Sie zum Beispiel gerne segeln gehen, das Baby aber nicht mit an Bord nehmen können/wollen, könnte eine Lösung sein: Sie fahren mit Freunden an den See und teilen sich als Paar den Segelausflug. Der eine schippert

vormittags mit, der andere nachmittags, die jeweils andere Tageshälfte verbringen Sie entspannt mit Baby am Strand. Sie wollen den Tag als komplette Familie genießen? Fahren Sie an den See – und machen Sie einen Dampfer-Ausflug! Einiges, was wir früher vielleicht spießig fanden, bekommt mit Kind so seine Reize …

2 LASSEN SIE SICH NICHT RUNTERZIEHEN! »Sorry, unser Kind ist krank, wir müssen die Party absagen.« Die meisten Menschen reagieren auf solche Anrufe voller Mitleid. Versinken Sie deshalb selbst aber nicht darin, sondern trösten Sie sich lieber mit ein bisschen Selbstbeschummeln, zum Beispiel indem Sie sich daran erinnern, wie wenig Sie auf dem letzten Fest verpasst hätten, wenn Sie nicht dabeigewesen wären.

3 GEBEN SIE SICH SELBST NICHT AUF! Klar, es gibt viele Fälle (siehe oben), in denen Sie ohne größere Verluste dem Kind zuliebe auf einen Freizeitplan verzichten können. Aber es gibt auch Grenzen des Verzichts, die man immer im Einzelfall persönlich abwägen muss. Ist es zum Beispiel wirklich nötig, einen Urlaub, auf den man sich lange gefreut hat, zu streichen, weil das Kind Fieber hat? Je mehr Erfahrung Sie mit solchen Ereignissen haben, desto eher wissen Sie, was geht und was nicht geht …

Zeit- und Tourenplaner

Spätestens nach ein paar Wochen Stubenhocken mit dem Baby sind wir völlig heiß darauf, alte Gewohnheiten wieder aufnehmen zu können. Wir wollen beispielsweise unbedingt in unser Lieblingscafé gehen, um uns vielleicht ein bisschen wie »vorher« zu fühlen. Nur bedingt eine gute Idee: Denn meist merkt man schnell, dass mit Baby der Blickwinkel auf die Welt ein anderer ist. So kann es etwa passieren, dass gerade der Lieblings-Stammplatz mit Kinderwagen völlig unerreichbar ist. Oder Ihnen fällt erst jetzt auf, wie schrecklich verraucht das Lokal immer ist. Oder Sie erleben, dass man Sie im ehemaligen Stammcafé plötzlich wie Luft behandelt oder wegen des »großen« Kinderwagens, der den Weg versperrt, auch noch blöd von der Seite anmacht.

Zum Glück kann man spätestens nach ein paar Stunden schon wieder über solche Reinfälle lachen. Aber man kann auch einfach vorbeugen, so dass der Cafébesuch auch mit Kind ein reines Vergnügen wird. Mit unserem Check (→ Seite 77) sind Sie auf der richtigen Seite.

CHECKLISTE

Ist das Café/Restaurant **babytauglich?**

- ◯ Stehen die Tische weit genug auseinander? Passt der Kinderwagen durch?
- ◯ Kann man den Kinderwagen neben dem Tisch parken? Achten Sie auf genügend Raum, damit nicht jeder meint, Sie wegen des Wagens anraunzen zu dürfen.
- ◯ Wird viel geraucht? Auch wenn Ihnen selbst eine Zigarette schmeckt (nicht unbedingt in der Stillzeit): Für Ihr Baby ist der Rauch nichts.
- ◯ Wann ist hier das meiste los? Gerade coole »In-Cafés« sind zur »Primetime« besonders voll. Genießen Sie es, jetzt endlich mal zu Randzeiten in Ihrem Lieblingscafé sitzen zu können.
- ◯ Wo gibt's Neues zu entdecken? Sie müssen nicht »out« sein, nur weil Sie jetzt ein Kind haben! Ganz im Gegenteil: Jetzt können Sie Ihr Repertoire erweitern und Freunde mit Ihrem Insiderwissen überraschen: Testen Sie tagsüber die Cafés und (Tages-)Bars, in denen Sie momentan abends eher selten sitzen können.

»Schnell« geht mit Baby oder Kleinkind erst mal gar nichts mehr, was an der kinderfeindlichen Umwelt (kaputte Aufzüge, zufallende Türen) und am Baby selbst (unvorhersehbare Zwischenfälle wie Windel voll, Schnuller unauffindbar etc.) liegt. Ein Phänomen, das Mütter jeden Tag begleitet und manchmal Pläne ganz schön durcheinanderwirbelt. Besonders ärgerlich ist das, wenn es unsere Freizeitpläne beeinträchtigt. Denn das sind Aktivitäten, auf die wir uns besonders gefreut haben und die wir dringend als Ausgleich brauchen. Die Beispiele im folgenden Zeit- und Tourenplaner helfen Ihnen, die geplanten Unternehmungen besser in den Tag zu integrieren. Denn mit Kind lässt sich einiges unternehmen – man muss nur den Zeitbedarf neu einschätzen lernen.

Zu Fuß zum einen Kilometer entfernten Spielplatz

Früher gingen wir eine solche Entfernung in zehn Minuten, mit dem Kinderwagen brauchen wir dafür schon mal die dreifache Zeit: Weil wir hohe Bordsteine überwinden müssen. Weil wir zwischendurch noch mal umdrehen, und ein aus dem Wagen gefallenes Spielzeug einsammeln müssen. Oder weil wir bei jedem Hund, an dem wir vorbeigehen, halten und staunen müssen. Sollten Sie Ihre Nachbarschaft zu kinderlosen Zeiten kaum gekannt haben – als Mama kennen Sie bald jeden Stein!

Mit dem Fahrrad zur drei Kilometer entfernten Freundin

Einfach aufsteigen und losradeln war einmal. Heute müssen wir neben dem Kind auch noch einiges an Gepäck verstauen. Und dann fahren wir natürlich erstens wegen des Gewichts und zweitens wegen des Wertes unserer »Fracht« langsamer und vorsichtiger, halten überall nach Vorschrift. Doppelt so lange braucht man da leicht.

Mit öffentlichen Verkehrsmitteln zum Shoppen in die City

Eine Ahnung davon, wie schwer es Menschen mit Behinderung in diesem Lande haben, bekommen Mütter, die mit Kinderwagen unterwegs sind. Nicht existente oder nicht funktionierende Aufzüge. Rolltreppen, die in die falsche Richtung laufen. Ignorante Fahrgäste in Bus und Bahn, die auch im leeren Verkehrsmittel keinen Millimeter beiseite rücken, wenn man mit Kinderwagen zusteigen will. Und, und, und … Je nach Widrigkeit der Umstände und je nach Anzahl der Umsteigestationen sollte man mit bis zu dreimal so viel Zeit für den Weg rechnen.

Mit dem Auto an den 30 Kilometer entfernten Badesee

Dreimal mehr Gepäck als früher, dreimal so viel Zeit vergeht, bis man alles gepackt, eingeladen und am Zielort wieder ausgeladen hat. Aber der Weg ist ja in diesem Fall nicht das Ziel: Irgendwann kommen Sie am Badesee an und werden von einem vergnügten Kind belohnt, dass mit Ihnen durchs Wasser planscht.

Mit dem Flugzeug auf die Kanaren

Mit etwas Handgepäck in den Kurzurlaub – das war einmal. Familien müssen nicht nur das Doppelte an normalem Gepäck einchecken, sondern haben meist auch noch Sperrgepäck (z. B. Sonnenschirme) dabei, das man an einem anderen Schalter abgeben muss. Der liegt häufig leider weit vom normalen Check-in entfernt. Und bei der Ankunft müssen Sie auf das Sperrgepäck auch noch warten. Prüfen Sie mit unserer Checkliste (→ Seite 85), ob sich das Gepäck nicht reduzieren lässt. Dann können Sie die Zeit am Flughafen mit wichtigen Dingen wie Flugzeugegucken oder Eisessen mit Ihrem Kind verbringen. Extra Zeit einkalkulieren sollten Sie außerdem für die Versorgung des Babys (Wickeln, Füttern) vor dem Abflug und gleich nach der Ankunft. Beim Abholen des Mietwagens ist übrigens meist der vorbestellte Kindersitz leider nur auf dem Papier vorhanden. Das heißt, er muss vor Ort erst organisiert werden. Lassen Sie sich als zweite Fahrerin eintragen, und ziehen Sie dann mit Ihrem Spatz von dannen zum Erkunden des Flughafens, während Ihr Partner auf den Wagen wartet.

Raus aus den
vier Wänden

Von Babyschwimmen bis zum Trip in die Toskana: Wann und wofür Sie die eigenen vier Wände in der ersten Zeit verlassen und was Sie sich und Ihrem Baby dabei zutrauen, weiß Ihr eigenes Bauchgefühl am besten. Wir wollen Ihnen an dieser Stelle jedoch Mut machen, ruhig auch mal scheinbar Unmögliches auszuprobieren. So gibt es keinen echten Grund, mit einem kleinen Baby nicht zu verreisen. Allerdings gibt es ein paar wichtige Infos, die den Urlaub für alle Beteiligten etwas entspannter werden lassen.

Wenn Sie lieber erst mal etwas kleiner anfangen möchten, könnten Sie ausprobieren, ob nicht einer der vielfältigen Babykurse etwas für Sie ist. Jedes Abenteuer schweißt Ihr Baby und Sie (und den dazugehörigen Papa) enger zusammen und lässt Sie Neues mutig angehen.

Organisiertes Baby-Entertainment

PEKiP-Kurse, Babymassage, Musikgarten – schon Säuglingen kann man ein Freizeitprogramm zusammenstellen, das es in sich hat. Bei manchen Kursen (in Großstädten) muss man sich sogar wie bei der Kinderkrippe schon Monate vor der Geburt anmelden, sonst sind sie ausgebucht. Ist das kollektive »Babybespaßen« etwas für Sie? Unser kleiner Guide hilft bei der Entscheidungsfindung.

Abwechslung im Alltag

Gehen die ersten, aufregenden Wochen mit dem Baby zu Ende, kehrt wieder ein Stück Alltag ein. Zwar ist er nie wieder so wie vorher, doch hat man langsam wieder das Bedürfnis nach geregelten Abläufen, Terminen, Dates – ein bisschen Struktur im Wochenablauf eben. Kurse wie Babyschwimmen oder PEKiP können da kleine Fixpunkte im Alltag sein, die willkommene Abwechslung bieten. (Mehr Tipps finden Sie auch im Kapitel »Ausflüge machen flügge« ab → Seite 73.)

Austausch mit Müttern

Es ist heute nicht mehr unbedingt selbstverständlich, viele Mütter in seinem Freundeskreis geschweige denn eine Großfamilie um sich zu haben, die einem

1 IM MUSEUM

2 AUF PRIVATFESTEN

Mommy-Dating – wo und wie Sie coole Mütter treffen können

Klar, dass man auf dem Spielplatz, beim PEKiP oder im Geburtsvorbereitungskurs auf andere Mütter trifft. Oft stellt man dann aber fest, dass neben dem »Baby-Talk« keine gemeinsamen Interessen vorhanden sind.

Voraussetzung fürs »Mommy-Dating« ist, dass sich nicht nur die Kinder nett finden, sondern auch die Mütter einen Draht zueinander haben. Aber wo coole Mütter treffen? Wir würden es mal an einem der folgenden Orte versuchen.

1 IM MUSEUM

Beliebter Ort für den Tapetenwechsel an verregneten Sonntagnachmittagen. Nach dem Ausstellungsbesuch mit der Familie trifft man Gleichgesinnte anschließend im Museumscafé – und kommt über die Kinder ganz leicht ins Gespräch.

2 AUF PRIVATFESTEN

Oft sind es junge Eltern, die am längsten feiern – schließlich will man den Freigang so richtig auskosten. Vergessen Sie nie, Gastgeber nach Eltern in ihrem Bekanntenkreis zu fragen. Das Motto »Meine Freunde sind Deine Freunde« stimmt oft.

3 IM FITNESSSTUDIO

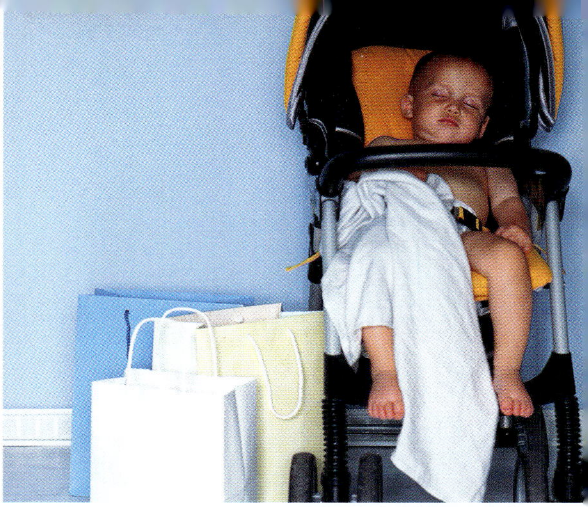

4 IM SZENEVIERTEL

3 IM FITNESSSTUDIO

Immer mehr Sport-Studios bieten Kinderbetreuung an: Während die Mamas beim BBP schwitzen, werden schon die Kleinsten von Fachpersonal betreut. Mit den Müttern, die Sie dort treffen, haben Sie zumindest ein gemeinsames Hobby – den Sport. Vielleicht ergeben sich ja darüber hinaus noch mehr Anknüpfungspunkte?

4 IM SZENEVIERTEL

Fast in jeder Stadt gibt es ein Viertel, das für seine hohe Dichte an trendigen Familien, den dazu passenden coolen Shops und Cafés bekannt ist, z. B. am Prenzlauer Berg in Berlin oder das Glockenbach-Viertel in München. Machen Sie öfter mal einen Ausflug dorthin. Beim Bummel durch die einschlägigen Läden kommen Sie mit netten Mamas in Kontakt!

5 BEIM KINDERARZT

Wer sitzt im Wartezimmer und liest entspannt ein Magazin, statt ständig um sein Kind zu glucken? Wer gefällt Ihnen in Sachen Styling, Auftreten oder Kinderzahl? Gerade beim Arzt merken Sie schnell, ob eine andere Mama Sie interessiert.

6 IM SECONDHAND-LADEN

Secondhand-Läden sind echte Netzwerk-Knotenpunkte. Man kennt sich, trifft sich immer wieder zum Bringen und Abholen der Kleidung, und auch »Neulinge« kommen gleich ins Gespräch. Welche Klamotten verkauft oder gekauft werden, sagt viel über Stil und Styling der Mutter aus. Kurz checken: Habe ich ähnliche Vorlieben? Denn über das Outfit hinaus können sich ganz neue Perspektiven eröffnen.

ERFAHRUNGSBERICHT

Johanna (30) mit Ferdinand

Es ist doch immer so: Man will verreisen, freut sich auf den Urlaub und die gemeinsame Zeit – und dann wird das Kind krank. Zwei Tage vor unserem letzten Italienurlaub bekam Ferdinand Fieber. Sonst hatte er keine Anzeichen für andere Krankheiten. Was tun? Absagen und dann vielleicht feststellen, dass er wieder gesund ist, wenn man gerade alles storniert hat? Wir haben dann überlegt, was im schlimmsten Fall passieren kann, wenn wir starten: Wieder nach Hause zu fahren erschien uns weniger schlimm, als gar nicht erst zu starten. Außerdem machten wir einen Check: Wir fahren nach Italien, von München nicht wirklich weit. Vor Ort gibt es Kinderärzte, und wir kennen ein nettes Hotel, dessen Angestellte uns auf dem Gang zum Arzt oder der Apotheke mit ein bisschen Dolmetschen helfen würden. Am Ende hat alles gut geklappt: Ferdinand hatte zwar vor Ort auch noch Fieber, wir haben dann zur Sicherheit einen Arzt aufgesucht. Der hat ihn untersucht, es war alles okay und nach zwei Tagen war der Kleine wieder fit.

mit Tipps und Tricks rund um das Baby weiterhelfen können. Tatsache ist aber: Auch wenn man sich weiterhin für andere Themen als Wickeln & Co. interessiert, ist es neuen Müttern schlicht ein Bedürfnis, dieses oder jenes Baby-Problemchen mit anderen Müttern durchzudiskutieren. Dazu, das sei Ihnen versichert, haben Sie in diesen Kursen ausreichend Gelegenheit. Es geht um nichts anderes – schließlich ist ein Kind zu haben ja auch das Einzige, das Sie (vorerst) mit den anderen Müttern verbindet. Hören Sie sich also an, was geraten wird, aber lassen Sie sich nicht verrückt machen. Manchmal sind diese Baby-Entertainment-Kurse nämlich ein Sammelbecken für »Supermuttis«, die in Sachen Babypflege grundsätzlich alles besser wissen.

Fördern, nicht überfordern

Entscheiden Sie sich, wenn Sie mögen, für ein bis zwei Kurse. Alles andere ist zu viel – für das Baby und für Sie. Wählen Sie aus der Masse an Angeboten das, was für Sie am interessantesten klingt. Infos zu Angeboten in Ihrer Umgebung bekommen Sie von Ihrer Hebamme – oder Sie finden sie ganz einfach im Internet unter www.google.de.

Zeit zu zweit

Organisiertes Baby-Entertainment ist eine Möglichkeit, bewusst Zeit zu zweit mit dem Baby zu verbringen. Man bekommt in den Kursen Anregungen für Spiele schon mit Allerkleinsten, auf die man allein vermutlich nie gekommen wäre. Außerdem sind solche Kurse vielleicht besonders dann eine gute Idee, wenn Sie schon ein Kind zu Hause haben, das Ihnen sonst wenig Zeit lässt, intensiv mit dem Kleinen zu spielen. Und vielleicht hat ja auch der Papa Zeit und Lust auf einen Kurs in Babymassage oder Babyschwimmen mit dem Nachwuchs? Überraschen Sie ihn mit einer Anmeldung! Es gibt beispielsweise auch Samstagskurse speziell für arbeitende Väter. Das bringt einen doppelten Vorteil: Auch Ihr Mann hat das Kleine einmal nur für sich, und Sie können in dieser **WERTVOLLEN ZEIT** tun und lassen, was Sie wollen!

… aber den Ball flach halten

Sie sind keine schlechte Mutter, wenn Sie zu dem Schluss kommen, Ihr Baby nicht zu diversen Kursen anzumelden. Es wird sich deswegen nicht schlechter oder besser entwickeln als andere Kinder. Mit Ihrem Kind zu spielen, ihm Aufmerksamkeit zu widmen, und es schon früh mit anderen Kindern zusammenzubringen können Sie auch privat organisieren. Lassen Sie sich da nicht von der Hebamme oder befreundeten Müttern reinreden und vertrauen Sie Ihrem Bauchgefühl.

Reisen mit dem Baby

Jede Flugreise wird halb so stressig, wenn man Flüge mit humanen Start- und Landezeiten bucht, die einigermaßen zum Rhythmus des Babys passen. Wer sein Baby mitten in der Nacht aus dem Schlaf reißen muss, um einen frühmorgendlichen Flieger zu erwischen, der wird möglicherweise ein schlechtgelauntes Baby dabeihaben und schon völlig fertig ankommen. Planen Sie besser für An- und Abreise einen kompletten Urlaubstag ein.
Wie die Kleinen auf die erste Flugreise reagieren, kann man schwer voraussagen. Vor allem Start und Landung können zur Bewährungsprobe werden, wenn das Baby den Druckausgleich nicht schafft (unbedingt geben: Schnuller und Saugflasche zum Trinken). Während die Kleinen mit ein paar Monaten vielleicht unterwegs einschlafen, wollen die größeren schon herumturnen und -sausen. Testen Sie die Flugleidenschaft Ihres Kindes am besten erst mal auf einer kürzeren Strecke.
Achtung beim Packen: Die Gepäckbegrenzung im Flugzeug liegt meist bei 20 Kilogramm pro zahlendem Fluggast. Das kann mit dem ganzen Baby-Equipment schon mal eng werden!
Wer sich mit ganz kleinen Babys vor dem ersten Urlaub zu unsicher fühlt, sollte besser mit dem Auto starten: In den Kofferraum kann man wirklich alles hineinquetschen, und notfalls kann man den Trip auch frühzeitig abbrechen.

Der Weg ist das Ziel. Wer sich mit Zeitvorgaben unter Druck setzt, wird garantiert schon gestresst ankommen – weil sie sich mit Baby nicht umsetzen lassen. Früher haben Sie vielleicht auf der Autobahnraststätte nur kurz einen Toilettenstopp eingelegt. Mit Baby ist es besser, an einem schönen Ort rauszufahren, gemütlich Mittag zu essen und so den Urlaub schon unterwegs zu beginnen.

Wenn Sie schon wissen, dass Ihr Baby selbst auf einstündigen Kurzstrecken im Auto brüllt oder ihm leicht schlecht wird, verschieben Sie Reisen auf vier Rädern lieber auf später. In Flugzeug oder Bahn lassen sich Babys einfach leichter »entertainen«, besonders im Spielabteil eines Zuges. Wer die Entscheidung Flieger oder Auto getroffen hat, steht immer noch vor der größten Bewährungsprobe: dem Packen. Was nehmen wir mit? Was gibt es vor Ort? Wer schleppt das alles? Es gibt natürlich ganz viele Dinge, die jeder individuell für sein Kind benötigt – und die auch vom Alter abhängen. Wir haben in der Checkliste auf Seite 85 für Sie die Baby-Basics für den Urlaub zusammengestellt. Die wichtigste Frage beim Packen für den ersten Urlaub mit Baby ist: Wohin geht die Reise? Liegt Ihr Ziel innerhalb Deutschlands, im nahen europäischen Ausland – oder im außereuropäischen Ausland? Sofern Sie für Ihr Kind keine besondere Ernährung benötigen, erhalten Sie im nahen europäischen Ausland Babygläschen in gewohnter Qualität. Der Gaumen Ihres Kindes muss sich vielleicht umgewöhnen – von Pastinake auf Artischocke, von Puten-Menü auf Baby-Paella. Aber nach einer kurzen Eingewöhnungszeit geht das überraschend gut. Auch sonstiges Zubehör wie Windeln, Feuchttücher, Spielzeug in jeder Form können Sie getrost zu Hause lassen, da Sie es vor Ort ohne Probleme erhalten. (Was Sie dennoch mitnehmen sollten, sehen Sie in unserer Checkliste gegenüber.)

Reisen Sie ins weiter entfernte Ausland, müssen Sie ganz andere Mengen an Babynahrung und -pflegemitteln mitschleppen, da Sie sich nicht darauf verlassen können, Ihr Baby vor Ort adäquat mit allem versorgen zu können.

Großfamilien-Urlaub – ja oder nein?

Mit unseren Eltern in den Urlaub gefahren sind wir zuletzt mit 17 Jahren. Plötzlich überlegen wir uns ein Revival. Woran es liegt? Oft merkt man beim ersten Urlaub zu dritt, dass der Urlaub mit Kind nicht unbedingt den erhofften Erholungsfaktor

Das brauchen Sie für den ersten Urlaub

Mitnehmen

- alles zum Kuscheln (Tiere, Kissen, Tücher usw.)
- Babyphon (damit man abends auch mal das Zimmer verlassen kann)
- Wasserkocher (nicht nur zur Zubereitung von Milchnahrung, auch für Tees oder zum Abspülen von Schnullern)
- Milchpulver (weil man an abgelegenen Plätzen im Ausland schon mal 20 Euro für eine Packung zahlen kann oder es die eigene Sorte, HA-Nahrung & Co., nicht gibt)
- Gläschen und Windeln für die ersten zwei Tage (damit man nicht sofort in den nächsten Supermarkt rennen muss)
- Flaschen, Schnuller
- SOS-Arzneimittel (z. B. Fieberzäpfchen, Mittel gegen Durchfall und Übelkeit, Pflaster, Wunddesinfektion, Dr.-Bach-Rescue-Salbe o. Ä. bei kleineren Blessuren und Stürzen)
- Buggy/Kinderwagen

Ins Handgepäck

- das Lieblingskuscheltier (Koffer gehen beim Fliegen auch mal verloren oder kommen später an)
- eine komplette Ersatzwäsche fürs Baby (bei Kleckereien, Übelkeit usw.)
- Spielsachen für unterwegs
- Getränke (größeren Kindern kann von Milch unterwegs schlecht werden, daher am besten Tee)
- Kleiner Snack (leicht Verträgliches wie Butterkekse oder Obst)
- Windeln und Feuchttücher

Zu Hause lassen und vor Ort kaufen

- Windeln für den kompletten Zeitraum
- Gläschen (außer bei besonderen Empfindlichkeiten)
- Feuchttücher
- Besonderes Spielzeug (z. B. billiges Sandspielzeug gibt es fast überall)

und ausreichend Zweisamkeit mit sich brachte. Diese Erfahrung machte ich, als ich mit Mann und einjährigem Sohn in ein Wellness-Hotel nach Österreich fuhr. Einer von uns war beim Kleinen, während der andere im Beauty- und Spa-Bereich relaxte. Und abends ging es ähnlich weiter: Einer von uns brachte ihn ins Bett, während der andere schon mal am Tisch saß – und notfalls mit der Vorspeise begann, wenn es zu lange dauerte. Wirklich viele und gute Gespräche so wie früher waren da erst mal nicht drin.

Nach einem solchen Urlaub mit viel zu wenig Zweisamkeit und Zeit für die Liebe (→ siehe auch »SOS für die Liebe« ab Seite 104) überlegt man schon auf der Heimreise, wie man sich in Zukunft anders organisieren kann. Der erste Gedanke: Urlaub mit der babysittingerprobten Großfamilie machen. Das kann wunderbar klappen – man sollte sich nur im Klaren darüber sein, dass man nicht nur einen praktischen Babysitter mitnimmt, sondern auch viele weitere Stimmungen, Meinungen und Interessen. Unsere Tipps und Erfahrungen zum Urlaub mit der Familie:

→ **URLAUBSTAUGLICHKEIT TESTEN** Ob man gemeinsam mit Eltern oder Schwiegereltern zwei Wochen schöne Ferien hat, weiß man erst, wenn man es ausprobiert hat. Also am besten mal bei einem kürzeren Wochenend-Ausflug testen. So stellt man schnell fest, ob man als Paar gemeinsame Zeit gewinnt oder sich durch die anderen Familienmitglieder eher gestört fühlt.

→ **PRIVATSPHÄRE TROTZ FAMILIENANSCHLUSS** Man kann sich noch so gut verstehen – auch im Urlaub freuen sich alle Beteiligten über Rückzugsmöglichkeiten! Das heißt: Besser zwei getrennte Ferienwohnungen oder Hotelzimmer buchen, Tage und Abende auch mal getrennt voneinander verbringen und nicht jede Mahlzeit unbedingt gemeinsam einnehmen müssen.

→ **FAMILIEN-AU-PAIR** Man muss ja nicht gleich mit der ganzen Sippe verreisen: Leichter in das eigene Familienleben zu integrieren sind einzelne Familienmitglieder. Zum Beispiel eine Nichte, die gerne gegen Babysitterdienste kostenlos mit in den Urlaub fährt. Oder die Schwiegermutter, die nicht allein verreisen mag. Oder der Opa, der schon Rentner ist, während Oma noch arbeitet.

Alternative zum Großfamilien-Trip

Wer aus welchen Gründen auch immer nicht mit der Großfamilie verreisen kann oder mag, kann sich folgende Optionen überlegen:

→ Freunde statt Familie: Gegenseitig babysitten, Zeit für Zweisamkeit ermöglichen und witzige Gruppen-Unternehmungen – das kann es auch im Urlaub mit

Freunden geben. Voraussetzung für den gelungenen Deal: Alle haben Kinder im ähnlichen Alter.

→ Ein Familien-Hotel, das eine gute Kinderbetreuung, auch schon für die Kleinsten, anbietet. Allerdings ist das eine teure Variante und das Angebot in einem solchen Hotel ist meist nicht gerade dazu angetan, sie als Paar auf andere Gedanken als die lieben Kleinen kommen zu lassen …

Wir kommen nie aus dem Haus …

3

Mit Kind verändert sich im Leben noch ein entscheidender Punkt: Die Anzahl der Abende, die man zu Hause verbringt, ist wesentlich größer als die auf Partys, im Kino & Co. Kein Grund, jetzt frustriert zu sein! Denn zum einen waren die meisten von uns vor der Geburt des Babys genug unterwegs und können sich auf der Couch ganz entspannt zurücklehnen. Und dann kommt die Zeit ja wieder, in der man intensiver am Nachtleben teilnehmen kann. Und bis dahin? Damit die Durststrecke nicht zu lang wird, hier zwei Ideen, die schnell für ein wenig Abwechslung sorgen.

Entertainment im Abonnement

Seien wir mal ehrlich: Dass wir weniger ausgehen, liegt auch oft an der eigenen Müdigkeit und an dem Widerwillen, sich neben all den anderen Themen auch noch um das Freizeitprogramm zu kümmern. Da ist es praktisch, wenn man das Entertainment nach Hause geliefert bekommt: als Abonnement. Schön zum Beispiel bei Theater oder Oper. Man wird automatisch rechtzeitig über den nächsten Spieltermin und die Vorstellung informiert. Da bleibt genug Zeit für die Vorfreude und die Organisation eines Babysitters. Übrigens ein netter Nebeneffekt: Wenn man selbst mal nicht gehen kann, dann ist ein geschenkter Theater- oder Opernabend eine nette Geste an alle Babysitter! Wer keine Lust auf Theater hat, kann sich auch eine Dauerkarte für die Museen oder das Schwimmbad oder eine 10er-Karte fürs Fitnessstudio besorgen. Auch das hilft, relativ einfach Abwechslung in den Alltag zu bringen.

Überraschungs-Box

Auch den Abenden zu Hause kann man etwas mehr Glanz verleihen: Stellen Sie doch eine Überraschungs-Box auf, in die jeder zehn Zettel steckt mit jeweils einer Idee für ein nettes Home-Entertainment. Zum Beispiel Picknick auf dem Balkon, aktuellen Kinoerfolg auf DVD anschauen, die besten Freunde/Freundinnen zu Hause für sie/ihn bekochen usw. Immer wenn Sie beide Lust auf Abwechslung haben, zieht einer ein Überraschungs-Los, und dann kann's gleich losgehen.

Gold wert – ein guter Babysitter

Klar, ein guter Teil unserer Freizeit findet jetzt mit Kind statt, und das wollen wir auch so. Trotzdem sind regelmäßige Stunden zu zweit wichtiger denn je! Und für die brauchen wir einen verlässlichen Babysitter, denn sonst gehen wir nie guten Gewissens aus dem Haus. Nun hat aber dummerweise nicht jeder das Glück, motivierte und einsatzbereite Großeltern in der Nähe zu haben. Mit unseren Tipps haben Sie trotzdem bald einen verlässlichen Babysitter, der Sie ruhig ausgehen und das Leben und die Liebe genießen lässt.

So finden Sie den perfekten Babysitter

Auch wenn es mittlerweile viele Babysitterforen im Internet gibt, Vereine (z. B. das Rote Kreuz) sogar schon Babysitter-Ausbildungen anbieten und man in regionalen Zeitungen Babysitter-Anzeigen findet – die beste Möglichkeit, an einen wirklich vertrauenswürdigen Babysitter zu kommen, ist immer noch Mundpropaganda. Selbst wenn Sie bisher wenig Kontakt zu Ihren Nachbarn hatten oder Sie gerade umgezogen sind: Investieren Sie, gerade mit

> Seit der Geburt unserer Tochter habe ich mein Leben komplett umgestellt – und null das Gefühl, irgendetwas zu verpassen. Sex, Drugs and Rock'n'Roll sind halt auf Dauer langweilig.

[Jasmin Tabatabai | *Schauspielerin*]

Kind, unbedingt Zeit in Ihr Nachbarschaftsnetzwerk! Vielleicht gibt es in Ihrer Nähe ein erprobtes Au-pair-Mädchen, das sich abends ein paar Euro dazuverdienen möchte? Oder die Enkelin Ihrer Nachbarin hat schon bei Ihren Vormietern gesittet? Wenn Sie in dieser Richtung nicht weiterkommen, ist eine weitere gute Möglichkeit, Zettel am Schwarzen Brett in Kinderkrippen oder Kindergärten in Ihrer Nähe auszuhängen.

Das erste Gespräch

Nehmen Sie sich für das erste Treffen mit potenziellen Kandidaten richtig viel Zeit. Dieser Termin ist gedacht zum gegenseitigen Kennenlernen, nicht als erster »Einsatz«. Fragen, die Sie auf jeden Fall stellen sollten:

- Warum will sie/er babysitten?
- Welche Erfahrungen hat sie/er?
- Hat sie/er eine Haftpflichtversicherung abgeschlossen?
- Hat sie/er Kenntnisse in Erster Hilfe, besonders bei Kindern?
- Wie beschäftigt sie/er sich mit Kindern? Welche Spiele kennt sie/er?

Intuitiv sollten Sie für sich außerdem feststellen:

- Ist sie/er verantwortungsbewusst?
- Ist sie/er kontaktfreudig?
- Ist sie/er zuverlässig?
- Soweit möglich, Background/Referenzen checken.

Stimmt die Chemie zwischen Ihnen, dem Kind und dem Babysitter, besprechen Sie alles Weitere, z. B. die Betreuungszeiten, das Honorar (5 bis 8 Euro pro Stunde), die Notfalltelefonnummern … Besonders ausführlich sollten natürlich die Infos über das Kind ausfallen: Vorlieben, Eigenheiten und Einschränkungen (Essen, TV) muss der Babysitter kennen. Am besten machen Sie eine kleine Checkliste, dann vergessen Sie nichts.

Der Probetermin

Als nächsten Schritt vereinbaren Sie einen bezahlten Probetermin: Sie sind zu Hause, und der Babysitter beschäftigt sich mit dem Kind. So können Sie sehen, ob sie/er mit allem klarkommt, sind zur Stelle, falls das Kind fremdelt. Hat alles geklappt? Prima, dann gehen Sie beim nächsten Mal in der Nähe eine Stunde einkaufen oder Kaffee trinken, so dass Sie notfalls schnell wieder zu Hause sind. Fragen Sie bei Ihrer Rückkehr, wie alles lief, und prüfen Sie, wie es Ihrem Kind nach dem Babysitten geht und in welcher Stimmung es ist.

Die Babysitter-Basics

Ging die Generalprobe mit dem Babysitter gut über die Bühne, können Sie entspannt Ihren ersten »Freigang« planen. Grundsätzlich sollte der Babysitter ca. 20 Minuten, bevor Sie gehen, da sein. So können Sie in Ruhe alles besprechen. Hinterlassen

Sie immer, wo und wie Sie notfalls erreichbar sind und die übliche Liste mit Notfallnummern, die Sie übrigens nicht nur für »Fremd-Betreuende«, sondern auch für sich selbst erstellen sollten. Und jetzt viel Spaß beim Ausgehen!

SOS-Tipps für ausgehwillige Eltern

Nun haben Sie den perfekten Babysitter, alle bisherigen »Probeausflüge« liefen super, und Sie wollen endlich mal den ganzen Abend weggehen. Sie haben sich gestylt, sind gedanklich schon im Restaurant, Kino oder auf der Party Ihrer Freunde angekommen. Sie nehmen die Handtasche in die Hand, gerade wollen Sie los – da brüllt das Baby plötzlich hysterisch in den Armen des Babysitters los. Die Horrorvision aller vergnügungslustigen Eltern! Was tun? Sofort alle Pläne streichen und Ausgehklamotten gegen Jogginghose tauschen? Wir haben uns ein paar Fragen überlegt, die Ihnen diese sehr individuelle Entscheidung hoffentlich etwas leichter machen.

Was ist der Grund?

Mütter und Väter haben meistens eine ganz gute Antenne, was die Verfassung ihres Kindes angeht. Ist es »nur« kurzfristige Trennungsunlust, sind es harmlose Zahnungsschmerzen oder tatsächlich das Signal einer plötzlich aufgetretenen Erkrankung? Drei Möglichkeiten – drei unterschiedliche Reaktionen, meinen wir: Im ersten Fall würden wir sofort aufbrechen, meist hört das Geschrei nach dem Motto »Aus den Augen, aus dem Sinn« so schnell wieder auf, wie es angefangen hat. Im zweiten Fall würden wir dafür plädieren, von Ihnen sicher schon erprobte Zahnschmerzmittel (Beißring, homöopathische Kügelchen etc.) hervorzuholen. Kommt der Babysitter mit der Situation klar, dann nichts wie los! Im letzten Fall dagegen könnte Ihnen schon tagsüber die etwas »komische« Verfassung Ihres Kindes aufgefallen sein, die Sie aber – vielleicht auch aus Vorfreude auf den Abend – verdrängt haben. Ganz genau? Dann ist es vermutlich sinnvoll, sehr genau abzuwägen, ob Sie wirklich gehen wollen!

Was sagt Ihr Bauch?

Die Entscheidung, ein schreiendes Baby »allein« zu lassen, ist sehr mentalitätsabhängig – und Sie sollten sich dieses Bauchgefühl auch zugestehen. Wer den Abend nach so einem verhagelten Abschied sowieso nicht mehr genießen kann, bleibt besser daheim und verschiebt den Abend zu zweit.

Wer ist der Babysitter?

Ihre Entscheidung wird natürlich auch davon beeinflusst, wer auf Ihr Kind aufpasst. Bei Ihrer Mutter würden Sie vielleicht auch ein krankes Kind jederzeit ohne schlechtes Gewissen lassen, da Sie wissen, dass sie mindestens so gut für ihr Enkelkind sorgt, wie Sie selbst es tun würden. Bei der Schülerin, die abends manchmal aufpasst, sind Sie hingegen vermutlich vorsichtiger – und das zu Recht.

Welche Abendgestaltung steht an?

Eine Essenseinladung bei Ihrem Chef, der Geburtstag der besten Freundin oder ein Kinobesuch zu zweit – wir finden, es gibt Termine, die man in SOS-Situationen leichter und solche, die man schwerer verschieben kann. Bei einem sehr schwer spontan abzusagenden Termin nutzen Sie am besten die Notlösung, dass ihn nur ein Partner wahrnimmt.

Die erste Nacht ohne Kind

Manche wagen es schon nach ein paar Wochen, andere erst nach dem ersten Lebensjahr: das Kind eine Nacht »allein« zu lassen. Natürlich ist »allein lassen« nicht wortwörtlich gemeint, sondern man hat die bestmögliche Betreuung engagiert. Trotzdem ist die erste Nacht ohne Kind für Mutter und Baby in jedem Fall ein Abenteuer. Ein Abenteuer, das möglichst positiv verlaufen sollte. Denn fast alle Mütter, die zum ersten Mal wieder von diesem süßen Teil ihres alten Lebens gekostet haben, wollen es bald wieder tun …
Unser Guide für die erste Nacht ohne Baby hilft Ihnen und dem Kleinen, die Trennung relaxt zu überstehen.

Gut vorbereitet steht der ersten Nacht ohne Baby nichts mehr im Wege.

So klappt die erste Nacht ohne Kind

- Vertrauen Sie das Kind für die erste Nacht ohne Mama nur jemandem an, den das Baby gut kennt und den es mag und der über seine Gewohnheiten Bescheid weiß. Im allerbesten Fall sind das der Papa oder die Großeltern.
- Stressfreier für das Baby ist es meist, wenn es die erste Nacht ohne Mama in seiner vertrauten Umgebung verbringt: Vielleicht haben Sie ja die Möglichkeit, den Babysitter als Übernachtungsgast bei sich zu Hause unterzubringen.
- Informieren Sie den Babysitter genau über die Rituale, die Ihr Kind abends und morgens kennt und liebt: Der Babysitter sollte z. B. das gleiche Gute-Nacht-Lied wie Mama singen, das Morgen-Fläschchen um die gleiche Zeit geben …
- Schreiben Sie den Tages-/Nachtablauf inklusive Essensgewohnheiten am besten für den Babysitter auf. Das gibt Ihnen und dem Babysitter ein gutes Gefühl. Vergessen Sie aber nicht, zu all Ihren »Anweisungen« ein »Danke« oder ein »ich weiß, Du wirst das super machen« zu notieren.
- Falls das Baby woanders übernachtet, müssen Sie packen: Hier hilft Ihnen eine kleine Checkliste der Dinge, die es braucht. Am besten schreiben Sie die Liste schon ein paar Tage vorher zusammen, so dass Sie sie noch ergänzen können.
- Hinterlassen Sie selbstverständlich, wo und wie Sie im Notfall erreichbar sind, aber rufen Sie selbst nicht jede Stunde an. So steigt nur die Gefahr, dass Sie Ihr Baby weinen hören und Ihren Wochenendtrip nicht mehr entspannt genießen können. Wenn Sie anrufen, wählen Sie am besten eine Zeit, zu der das Baby normalerweise schläft und der Babysitter Zeit hat, mit Ihnen zu sprechen.
- Bei guter Betreuung und Vorbereitung schadet es keinem Kind, mal eine Nacht lang auf seine Mutter zu verzichten. Deshalb: Haben Sie kein schlechtes Gewissen, sondern genießen Sie die ungewohnte Freiheit!

Social Life
mit Säugling

Durchgetanzte Nächte, weinselige Kneipenabende mit den Kollegen, das Wellness-Wochenende mit der besten Freundin: NEBEN DEM PARTNER UND DER FAMILIE SIND FREUNDE DAS WICHTIGSTE IM LEBEN. Man teilt mit ihnen Interessen, Erinnerungen, Freude und Schmerz. Und weil man durch ein Baby zwar Mutter, aber kein neuer Mensch wird, will man dieses Social Life beibehalten, irgendwie.

Und alte Freunde ins neue Leben integrieren – das funktioniert tatsächlich. Zunächst natürlich eingeschränkt, aber mit der Zeit immer besser. Fakt ist: Mit Kind hat man nicht mehr so viel Zeit für seine Freunde wie früher. Aber trotzdem bleiben Freunde wichtig. Und – das ist die gute Nachricht – ein Baby muss die Qualität von Freundschaften nicht beeinträchtigen. Keine Sorge, Unsicherheit darüber, wie sich der Kontakt jetzt entwickelt, ist auf beiden Seiten da! Gute Freundschaften werden an der neuen Situation aber wachsen, das versprechen wir.

Im Folgenden bekommen Sie Tipps, wie Sie Ihre Freundschaften im Baby-Tumult der ersten Monate pflegen, auch wenn Marathon-Telefonate mit der besten Freundin erst mal nicht drin sind.

3

Damit die Freunde nicht auf der Strecke bleiben

Bei den ersten Besuchen der Freunde ist die Euphorie groß und das Verständnis für die neue Familienidylle noch größer. Aber Fakt ist: Die Freunde kehren viel schneller in die Realität zurück als wir. Neue Mütter werden deshalb kritisch beäugt: Kann man mit ihnen noch in Ruhe telefonieren? Ziehen sie sich zurück? Gehen sie noch aus? In den ersten Wochen beantworten wir diese Fragen sicher mit einem entschiedenen Nein. Aber das geht vorüber, und plötzlich ist das Bedürfnis, »back-to-life« zu sein, von einem auf den anderen Tag wieder da. Doch das ahnen Ihre Freunde natürlich nicht, und deshalb ist es wichtig, deutliche Signale zu setzen: Ihre Freunde gehören nach oben auf die Prioritätenliste. Nutzen Sie die Schlafpausen Ihres Babys,

ERFAHRUNGSBERICHT

Susanne (29)

Nachdem ich sechs Wochen lang nach der Geburt total abgetaucht war, bin ich ganz strategisch vorgegangen, um mich wieder ins Sozialleben einzuklinken: Ich habe eine Liste meiner Freunde gemacht und sie nach Wichtigkeit abtelefoniert. Auch wenn wir nicht lange geplaudert haben, haben sich doch alle über ein Lebenszeichen von mir gefreut.

um Ihre Freundschaften zu pflegen. Das bedeutet: Sich melden, kurz quatschen, vielleicht ein kurzes Treffen vereinbaren. Wenn Sie sich einmal dazu aufraffen, fühlen Sie sich danach besser als nach jedem Nickerchen. Unser Tipp: **GEHEN SIE BEI DIESEN ERSTEN »HIER-BIN-ICH-WIEDER«-TELEFONATEN KONZENTRIERT VOR!** In einer Stunde schaffen Sie locker fünf Anrufe. Sie haben also jeweils gut zehn Minuten, um sich zurückzumelden und nicht nur von sich und dem Baby zu erzählen, sondern auch nachzufragen, was im Leben des Freundes/der Freundin los ist. Thematisieren Sie dabei ruhig, dass Sie nicht ewig Zeit haben zu plaudern, sondern sich lieber gleich für ein Treffen verabreden würden.

Wann und wie verabreden? Die freien Abende sind rar, Betreuung muss organisiert werden und oft ist man schlicht zu müde, um dann noch auszugehen. Aber Freunde, Bekannte und ehemalige Kollegen nach Hause einzuladen ist auch nicht immer die beste Lösung, denn das wird für beide Seiten auf Dauer langweilig. Tipp Nummer zwei: **TREFFEN SIE SICH MIT IHREN BERUFSTÄTIGEN FREUNDEN EINFACH MAL IN DER MITTAGSPAUSE!** Weil sie zeitlich begrenzt ist, strapazieren Sie die Geduld des Kindes nicht unnötig, aber Sie haben in einer Stunde zumindest die Basics ausgetauscht. Und das ist für den Anfang doch schon eine ganze Menge!

Pünktlichkeit ist eine Zier…

Im Job müssen wir pünktlich sein. Im Privatleben leisten wir uns gerne mal das Gegenteil: Wir verabreden uns zwar um eine bestimmte Zeit, rufen aber dann kurz vorher an oder zu simsen: »Verspäte mich eine Viertelstunde.«

Das ist ärgerlich, schon ohne Kind. Aber noch ärgerlicher wird die Situation, wenn man sich als junge Mutter verabredet hat. Denn oft genug hat man das Date vielleicht genau zwischen zwei Stillpausen gelegt, und/oder man hat einen teuren Babysitter organisiert, und/oder man wollte den Mittagsschlaf des Babys für eine entspannte Lunchpause nutzen ... Fest steht: Als junge Mutter hat man nicht – wie manche kinderlose Freunde eventuell glauben – »sowieso den ganzen Tag nichts zu tun« und deshalb unbegrenzt Zeit. Deshalb dürfen Sie besten Gewissens Pünktlichkeit einfordern.

→ Bitten Sie Ihre Freunde vor Verabredungen ganz offen, pünktlich zu sein – Ihre Erklärungen versteht jeder.

→ Ihre Verabredungen mit einigen chronischen Unpünktlichkeits-Kandidaten funktionieren trotz aller »Erziehungsversuche« Ihrerseits nicht? Da bleibt nur: Laden Sie sich diese Leute grundsätzlich lieber nach Hause ein, das erspart Ihnen eine Menge Stress.

Umgekehrt sollte Pünktlichkeit auch für Sie selbstverständlich sein – gerade dann, wenn Ihr Baby und Sie mit jemandem zum Mittagessen verabredet sind, der als arbeitender Mensch für dieses Essen nur eine begrenzte Zeit zur Verfügung hat. Aber auch wenn Sie abends und ohne Baby verabredet sind, ist Pünktlichkeit eine Zier. Und sie hat auch ihre Vorteile: Ein Gespräch mit dem Gastgeber ist noch möglich – und das Buffet ist noch frisch! So klappt's trotz Baby-Chaos mit der Pünktlichkeit:

SITUATION	VORBEREITUNG
Wenn Sie ohne Kind unterwegs sind	Seien Sie mindestens eine halbe Stunde, bevor Sie losmüssen, ausgehfertig. So vermeiden Sie Stress, der das Kind ansteckt und es anfällig für Verabschiedungstragödien macht. Durch die halbe Stunde Puffer haben Sie dann auch noch genug Zeit, nochmals die Windel zu wechseln (kurz vor dem Aufbruch ist grundsätzlich immer die Hose voll), den Babysitter einzuweisen und in Ruhe Ihrem Baby »ciao« zu sagen.
Wenn Sie mit Kind unterwegs sind	Planen Sie neben zusätzlicher Zeit für die Ausflugsvorbereitungen mindestens eine halbe Stunde mehr für den Weg ein. Egal, ob Sie mit dem Auto oder mit öffentlichen Verkehrsmitteln unterwegs sind, mit kleinen Kindern gilt als Faustregel: Sie brauchen die doppelte Zeit für dieselbe Strecke – sei es wegen nicht vorhandener Aufzüge oder wegen des aufwendigen Be- und Entladens des Autos (siehe Tourenplaner S. 76 ff.).

Chaos-Mama oder Familienmanagerin?

Vielleicht haben Sie sich in Ihrem früheren Leben als Nicht-Mutter auch manchmal über befreundete Mütter geärgert, die kurz vor ihrem Date mit Begründungen wie »Ich habe die ganze Nacht kaum geschlafen«, »Der Babysitter hat keine Zeit« oder »Mein Kind ist krank« abgesagt haben. Klar, einerseits versteht man das, aber wenn es öfter vorkommt, nervt es und nährt nur das böse Klischee von der überforderten, gestressten, unzuverlässigen Mama. Aber nicht nur deshalb sollten wir unbedingt versuchen, Verabredungen mit Freunden einzuhalten, sondern auch weil Freunde bei uns ganz oben auf der Prioritätenliste stehen (sollten) und weil wir uns selbst ja auch seit Tagen auf das Treffen gefreut haben. Auch wenn wir eigentlich müde sind, auch wenn wir auf die Schnelle die Nachbarin bitten müssen, das Babyphon zu nehmen – der Tapeten- und Themawechsel wird uns in den meisten Fällen gut tun!

So gern Sie auch würden, Sie können beim besten Willen nicht weg? Dann lassen Sie sich auf keinen Fall zu einem Absageanruf mit weinerlicher Stimme hinreißen, sondern sagen Sie auf charmante Art und Weise ab.

→ **NOTLÜGEN ERLAUBT:** »Mein Kind kotzt« klingt unsexy und interessiert vermutlich die wenigsten, mit denen Sie verabredet sind (vor allem nicht ehemalige Arbeitskollegen). Erfinden Sie lieber eine Ausrede wie: »Meine chaotische Schwester ist auf der Durchreise und hat sich für heute Abend spontan angekündigt.«

→ **ERSATZTERMIN ANBIETEN:** Überlegen Sie sich vor dem Absage-Anruf, wann Sie sich stattdessen mit Ihrer Verabredung treffen könnten. Das signalisiert den Abgesagten: »Es tut mir ehrlich leid, dass es nicht klappt, und ich will Dich so bald wie möglich sehen.«

→ **RECHTZEITIG ABSAGEN:** Schon klar: Wenn der Babysitter nicht erscheint, ist man natürlich gezwungen, auch mal ganz kurzfristig abzusagen. Aber wenn Sie schon in der Früh merken, dass Ihr Baby kränkelt oder Sie selbst schwächeln, dann warten Sie besser nicht bis zur letzten Minute ab, ob sich die Lage noch bessert. Sagen Sie vorsichtshalber sofort ab. So kann der Freund/die Freundin noch etwas anderes planen.

→ **SOCIAL LIFE DAHEIM:** Sollte die Verabredung wirklich wegen eines nicht vorhandenen Babysitters zu scheitern drohen, können Sie Ihre/n Bekannte/n fragen, ob er/sie Lust auf einen netten Abend bei Ihnen zu Hause hat. Das muss Ihnen keine Arbeit machen: Einfach ein paar Pizzen bestellen und entspannt bei einer Flasche Wein im Wohnzimmer klönen.

Neues Leben – alte Freunde?

Mit dem Baby verändert sich nicht nur der Tagesablauf, sondern auch das gesamte Umfeld der Mama: Von der Rückbildungsgymnastik über die PEKiP-Gruppe bis hin zum Müttertreff im Familienzentrum – überall trifft man auf Gleichgesinnte. Die Gemeinsamkeit Kind verbindet, und aus den gelegentlichen Kontakten werden oft feste, neue Freundeskreise. Wunderbar, wenn man in diesen Netzwerken Anschluss findet. Aber stopp, wenn dabei alte Freundschaften leiden! Gerade jetzt sind sie besonders wichtig – und haben sich meist schon über viele Jahre bewährt.

Den Reiz des anderen erkennen

Als Mama orientiert man sich gern an anderen Müttern, findet bei ihnen besonders viel Verständnis und Gesprächsbereitschaft über die vielen neuen (Kinder-)Themen. Sorgen Sie aber auch für Abwechslung! Treffen Sie Ihre Freundinnen, die keine Kinder haben, und freuen Sie sich über die ganz anderen Themen, die hier besprochen werden – die sind vielleicht im Moment für Sie nicht so relevant, inspirieren aber und öffnen Ihren Horizont.

Nicht nur übers Kind reden

Sie können nicht davon ausgehen, dass sich Ihre (kinderlosen) Freundinnen für den wunden Popo, die richtige Folgemilch oder die ersten Worte Ihres Kindes interessieren. Bemühen Sie sich ganz bewusst, auch von anderen Dingen zu sprechen. Und wenn Ihnen ein Babythema doch auf der Seele brennt, halten Sie sich an folgende Faustregel: »Die Hälfte weg, dann stimmt's.« Bei jedem zweiten Kinderthema, das Ihnen in den Sinn kommt, beherrschen Sie sich und reden über etwas anderes. Für die verbliebene Kinder-Hälfte müssen sich gute Freunde dann einfach interessieren.

Unerwartete Zusagen machen

Dass Mama eine Kneipen-Tour mitmacht – und sich nicht nach dem ersten Drink in der ersten Bar schon wieder verabschiedet, ist schon ungewöhnlich. Und natürlich auch unvernünftig, weil wir sicher zwei bis drei Tage brauchen, um uns davon wieder zu erholen. Aber das sollte auch mal egal sein. Wer sich aus solchen Unternehmungen ständig ausklinkt, wird irgendwann nicht mehr gefragt. Schade um witzige Abende mit den Freunden und Erlebnisse, die zu Geschichten werden.
Sie wollen unbedingt auf eine Party gehen, wissen aber, dass Sie den verpassten Schlaf nicht so schnell wieder reinholen? Egal, denn Sie werden merken: Sie fühlen sich viel wohler, wenn Sie es schaffen, Ihr soziales Umfeld von früher in das neue Leben mit Kind zu integrieren!

SMS für den »Zwischenkontakt«

Insgesamt wird die Zeit, die für Freunde »übrig« ist, weniger sein als ohne Kind. Für die Zeiten zwischen den Treffen eine nette Geste: SMS schreiben. Und zwar nicht einfach »viele Grüße« in die Runde schicken, sondern etwas Besonderes schreiben, indem man einen persönlichen Bezug herstellt. Zum Beispiel: »Stehe vor unserem Lieblings-Café. Denke an dich.«

Freunde im Babysitter-Check

Spätestens ein paar Monate nach der Geburt wird das Babysitten ein Thema. Schließlich will man ja auch mal wieder seine Freunde sehen. Ganz in Ruhe. Gleichzeitig fragt man sich, ob man fürs Babysitten seine Freunde einspannen darf. Selbstverständlich! Keine Mutter hat vor, ihre Freunde dauerhaft als Babysitter zu »missbrauchen« – und das wissen diese auch. Wohl alle Eltern haben schon eine Freundin oder einen Freund der Familie zum Babysitten dagehabt. Und das ist auch durchaus legitim – vor allem wenn das Kind noch sehr klein ist und man es doch lieber einem vertrauten Erwachsenen statt einer Schülerin, zu der man über einen Supermarktaushang fand, überlässt. Aber wer ist wirklich geeignet? Und wie kann man sich erkenntlich zeigen? Unsere Tipps helfen Ihnen, das Babysitterpotenzial im Freundeskreis auszuloten.

→ **ANGEBOTE ANNEHMEN** Viele Freunde bieten von sich aus an: »Ich komme gerne mal zum Babysitten.« Wer das tut, den dürfen Sie guten Gewissens beim Wort nehmen und ihn bei Bedarf aufs Kinderhüten ansprechen. (Je nach Vorliebe und Kompetenz kann es ja auch ein »Schlafdienst« sein, bei dem nicht so viel Kinderbetreuung nötig ist.) Merken Sie an der Reaktion, dass das Angebot wohl doch nicht so ganz ernst gemeint war, ist es sinnvoller, sich um eine Alternative zu kümmern.

→ **SOS-PLAN** Ihnen ist der Babysitter abgesprungen, und Sie brauchen schnell Ersatz? In so einem Fall fragen Sie Ihre Freunde. Manchmal fühlen sich auch Paten oder Onkel und Tanten zuständig und springen komplikationsfrei ein.

→ **GUTMÜTIGKEIT HONORIEREN** Manche Freunde sind einfach im Notfall immer da. Das ist großartig, darf aber auf keinen Fall ausgenutzt werden. Vergessen Sie auch auf keinen Fall, sich erkenntlich zu zeigen. Natürlich werden Sie Ihre Freunde für ihre Dienste nicht bezahlen, aber Sie wissen doch sicher, womit Sie ihnen eine Freude machen können? Im Zweifel kommt eine Einladung zum Essengehen immer gut an. Und dafür leisten Sie sich dann einen »richtigen« Babysitter und führen den Freund/die Freundin aus.

→ **ABSAGEN AKZEPTIEREN** Manche Freunde haben nie angeboten zu babysitten oder springen ab, wenn es ernst wird. Das ist schade für Sie, aber kein Grund, die Freundschaft in Frage zu stellen. Ein paar trauen es sich vielleicht nicht zu, andere haben schlicht keine Lust. Sei's drum. Sie haben diese Person ja auch aus anderen Gründen zum Freund. Und wenn Sie merken, dass Sie deshalb einen Tick beleidigt sind, hilft es oft, sich zu fragen, wie oft man denn selbst schon (noch kinderlos) bei Freunden die Kinder gehütet hat…!

Dos und Don'ts im Freundeskreis

Wer an seine kinderlose Zeit zurückdenkt, erinnert sich vielleicht auch an den einen oder anderen sehr anstrengenden Abend. Ein Abend, an dem Sie stundenlang nur mit Infos über Kinderkrankheiten, Einschlafprobleme und Trotzphasen des lieben Nachwuchses zugetextet wurden. Nicht, dass Sie damals kein Interesse am Leben Ihrer Freundin gehabt hätten, aber sie schien umgekehrt kein Ohr für Ihre Erzählungen zu haben… Häufen sich Treffen dieser Art, tut das der Freundschaft nicht unbedingt gut. Deshalb empfehlen wir an dieser Stelle ein paar Dos und Don'ts für Mütter im Umgang mit ihren (noch) kinderlosen Freunden.

DOS:

- (+) Besser einmal mehr nach den Befindlichkeiten der Freundin fragen, als in seiner Begeisterung mit zu vielen Baby-Anekdoten zu langweilen.
- (+) Fühlen Sie sich einen Abend lang wie in Ihrem früheren Leben! Stürzen Sie sich mit Ihren Mädels in einen richtigen »Weißt Du noch?«-Abend mit Ausgehen, Tanzen, Flirten. Manchmal tut es gut, das Muttersein für ein paar Stunden komplett zu vergessen. Danach ist man gestärkt und wieder doppelt so gern Mama!
- (+) Für Überraschungen sorgen: Nicht als Erste nach Hause gehen oder spontan bei einer Party zusagen.

DON'TS:

- (−) Fast jede Mutter hat eine Freundin, die auch gern Mama wäre, es aber aus welchen Gründen auch immer (noch) nicht ist. Ihr erzählen Sie bei einem gemütlichen Bar-Abend nicht von Ihrem Kind, außer wenn Sie danach gefragt werden. Und fassen Sie sich auch dann kurz.

- Sie beschäftigt gerade aktuell irgendein Baby-Problem so sehr, dass Sie an nichts anders denken können? Ersparen Sie dieses Thema Ihrer ewigen Singlefreundin, und treffen Sie sich in dieser Situation lieber mit einer (erfahrenen) Mutter.
- Gerade die ersten Treffen mit Arbeitskollegen sind – auch wenn Sie so was wie Freunde sind – heikel: Die Bürokollegin checkt, ob Sie zu einem karrierefernen Muttertier mutiert sind, Sie checken die Stimmung an Ihrem (alten) Arbeitsplatz. Und alles undercover natürlich. Deshalb: Seien Sie professionell genug, nicht alle Befindlichkeiten Ihres Mutterdaseins preiszugeben. Natürlich sind Sie die Alte geblieben – das ist der Eindruck, den Sie hinterlassen wollen.

Mehrere Freunde gleichzeitig treffen

Pflegen Sie Freundschaften, indem Sie private Verabredungen organisieren wie Geschäftstermine: konsequent, zuverlässig und konzentriert. Einmal heißt das, dass Sie in Gedanken wirklich bei dem Date und nicht beim Baby sind. Und zum Zweiten heißt das aber auch, dass Sie Freunde zu Teams bündeln. Denn typisch für Frauen sind »Einzelverabredungen« – wir treffen uns mit einem Freund zum Essen oder gehen mit einer Freundin aus. Genauso wie vielen von uns das gezielte Netzwerken schwer fällt, sind wir es nicht gewohnt, uns in Gruppen zu treffen. Im Gegensatz zu den Männern: Die verabreden sich ständig zum gemeinsamen Fußballschauen, Ausgehen oder Kicken im Park. Das macht nicht nur genauso viel Spaß, sondern bringt auch einen großen Vorteil mit sich: Es spart Zeit!

Das klappt übrigens auch wunderbar bei Einladungen, die Sie gemeinsam mit Ihrem Partner geben. Wenn man schon für Gäste kocht, dann kann man doch gleich noch mehr einplanen. Statt Pärchenabend zu viert (ohne Kinder) decken Sie eine große Tafel für sechs oder acht Personen. Dann gibt es Pasta statt eines aufwendigen Menüs.

Setzen Sie Termine für die Freundschaft

Ein guter Tipp ist auch, Rituale einzuführen: der Jour fixe mit Freundinnen, das Grillfest jeden Sommer, der Sonntags-Brunch alle zwei Monate. Das sind wichtige »Inseln«, an denen man sich wiedersieht. Und die den Druck aus dem Alltag nehmen, auch wirklich genügend Zeit für Freunde einzuplanen.

Einladen statt ausgehen

Mit Freunden ausgehen ist schön, keine Frage. Aber mit einem kleinen Baby ist das nicht unbedingt immer leicht zu organisieren. Deshalb seine Freunde viel weniger als früher zu sehen ist eine schlechte Alternative. Bleibt also nur, sie öfter als früher samstagabends zu sich nach Hause einzuladen. Zu viel Aufwand, Sie packen die ganzen Vorbereitungen zusätzlich zu dem Baby-Stress nicht? Relax! Und wagen Sie ein paar Rückgriffe auf gute, alte WG-Zeiten, dann wird der Abend garantiert stressfrei und heiter! Erinnern Sie sich mit uns zurück.

Kochen kann man auch gemeinsam

Sie geben hier kein Businessdinner für Arbeitskollegen, sondern wollen mit Freunden eine schöne Zeit haben. Und die kann durchaus in der Küche beginnen: Zusammen macht das Schnippeln und Kochen sowieso viel mehr Spaß! Zu ehrgeizig sollten Ihre kulinarischen Vorhaben jedoch nicht sein, schließlich wollen Sie ja auch noch irgendwann am Tisch sitzen. Sie können also guten Gewissens auf bewährte alte Pastavarianten zurückgreifen. Wer innovativer sein will, kann in der Woche vor der Einladung zwei, drei der im Moment so trendigen TV-Kochsendungen aufnehmen und ein Gericht aussuchen. Abends lassen Sie dann die Show auf DVD laufen und kochen das Essen gemeinsam nach. Nicht ausgeschlossen, dass Ihr Abend wie zu guten, alten WG-Zeiten auch in der Küche endet!

Jeder bringt einen Gang mit

Drei Pärchen als Gäste – und Ihnen wird schon beim Gedanken an das Chaos in der Küche ganz anders? Aber auf die »Pizza bestellen«-Variante wollen Sie auch nicht zurückgreifen? Wir haben da was für Sie: Planen Sie mit Ihren Gästen gemeinsam ein einfaches Drei-Gänge-Menü, bestehend aus kalter Vor- und Nachspeise sowie einem warmen Hauptgang. Jedes Paar soll einen Gang servierfertig mitbringen, den Hauptgang erwärmen Sie nochmals in Ofen oder Mikrowelle. Sie als Gastgeber müssen sich dann nur noch um die passenden Getränke kümmern.

Essen wie in den 80ies

Wer seine Gäste wirklich nur Gäste sein lassen will und sie weder für Küchenarbeiten noch zum Vorkochen einspannen möchte, der sollte sich aus der Ideenkiste der 1980er-Jahre bedienen: Raclette, Fondue und Co. sind mit kaum Küchenstress verbundene Dinner-Möglichkeiten. Sie können schon tagsüber, wenn das Baby schläft, vorbereitet werden, zum Beispiel

Fleisch schneiden, Käse reiben und im Kühlschrank aufbewahren. Unverständlicherweise greifen wir auf diese geselligen Essen meist nur an Weihnachten und Silvester zurück. Brechen Sie mit dieser Gewohnheit und laden Sie Ihre Freunde beispielsweise »einfach so« mal zu einem Fondue-Abend zu sich ein. Wetten, dass Sie ausschließlich begeisterte Zusagen bekommen?

Fit für den Smalltalk

Das Leben als Mama, die (gerade) nicht arbeitet, hat kein tolles Image. Und das merkt man sofort, wenn man auf einer Party oder bei einem Abendessen gefragt wird: »Was machst du eigentlich beruflich?« Wer sich jetzt zu sagen traut: »Ich bin Mutter und im Moment zu Hause«, kann kaum mehr mit einem anregenden Gespräch rechnen. Hier hilft es, auf die klassische Gesprächseinstiegsfrage »Was machen Sie?« den bisherigen Job oder erlernten Beruf oder das, was Sie studiert haben, zu nennen und die Mutterrolle nicht schon gleich zu Gesprächsbeginn nach vorn zu stellen. Der Beruf ist nun mal identitätsstiftend, liefert Gesprächsstoff und sorgt für Renommee. Und wenn man gerade keinen hat? Dann helfen ein paar Tipps, wie Sie fit für den Smalltalk werden. Die können Sie übrigens auch einsetzen, wenn Sie keine Lust auf die üblichen »Wie ich wurde, was ich bin«-Gespräche haben.

Grundregeln für den Smalltalk

1. Lassen Sie sich inspirieren, zum Beispiel durch Museumsbesuche, aktuelle Ausstellungen, Konzerte oder Bücher. Und berichten Sie auf der nächsten Party davon.

2. Seien Sie aktiv und schaffen Sie selbst Gesprächsanlässe. Oft reden die Leute deshalb nur über den Job, weil ihnen sonst einfach nichts anderes einfällt. Greifen Sie die Gelegenheit beim Schopfe, und geben Sie die Themen bei der nächsten Party vor.

> Eine Party ist eine Zusammenkunft, bei der am Ende die Gäste aufgeräumter sind als die Wohnung.
>
> [Senta Berger | *österreichische Schauspielerin*]

3 Machen Sie sich zum Experten in einer Sache, die Sie begeistert. Zum Beispiel Sport, Geschichte, fremde Kulturen, Kunst, Musik usw. Und steuern Sie das nächste Gespräch beim Abendessen in diese Richtung. Ihr Gegenüber wird begeistert sein!

4 Smalltalk lässt sich üben. Bereiten Sie sich auf einen Abend vor, indem Sie die aktuellen Tageszeitungen und Zeitschriften durchblättern und gezielt nach Gesprächsstoff suchen. Suchen Sie nach witzigen Anekdoten und kuriosen Geschichten. Die finden Sie oft in Rubriken wie »Buntes«, »Vermischtes« oder »Panorama«. Online-Angebote, z. B. die englische Zeitschrift WIRED oder die NETZZEITUNG, sind übrigens hervorragend geeignet, um sich kurzweilig über Technik-Trends zu informieren. Immer wieder ein guter Eisbrecher im Gespräch mit Männern! Schneiden Sie besser keine politischen oder wirtschaftlichen Themen an – sie können für unnötigen Zündstoff sorgen.

5 Smalltalk ist was Schönes! Wenn Sie bei einer Einladung gefragt werden, wie es Ihnen geht, lamentieren Sie keinesfalls. Sagen Sie, dass Sie gerade eine anstrengende und intensive Phase haben – und wie Sie das managen.

6 Was schätzen Freunde an Ihnen? Ihren Humor? Ihre Selbstironie? Dann spielen Sie diese Begabungen in Zukunft ganz bewusst aus – und begeistern Sie auch andere damit.

TIPP

Frischekick fürs Selbstbewusstsein

→ Überraschen Sie alle, die mit einer gestressten Mama auf der Party gerechnet haben. Strähnige Haare, zum x-ten Mal dasselbe Outfit – nicht bei Ihnen! Für alle Mamas, die sich gerne etwas gönnen, ist ein Fest der perfekte Anlass. Warum nicht mal wieder zur Maniküre gehen? Oder endlich die lange geplanten Farbsträhnchen machen lassen? Oder spontan ein neues Kleid kaufen? Die richtige Inszenierung und die Veränderung pushen das Selbstbewusstsein – und das verspricht einen heiteren Abend.

4 SOS für die Liebe

Gerade waren wir noch ein Liebespaar – und jetzt sind wir Eltern. Überrascht stellt man fest: Gemeinsame Ausflüge und Sex werden weniger, dafür gibt es mehr Konfliktpotenzial. Warten auf bessere Zeiten ist jetzt keine Lösung! In diesem Kapitel erfahren Sie, wie Sie sich Zeit zu zweit schaffen und diese auch wirklich genießen können.

Eltern-Zeit
im Babyalltag

4

»Ein Kind ist die Krönung der Liebe.« Diesen Satz haben wir vor der Geburt so oft gehört und gelesen – und können ihn gerade kurz nach der Geburt selten nachvollziehen. Denn die Romantik bleibt zwischen Fläschchenmachen und Schlafliedsingen einfach ein gutes Stück weit auf der Strecke. Das ist ganz normal und wer etwas anderes behauptet, flunkert, oder kann sich besten Gewissens als »große Ausnahme« bezeichnen. Für alle anderen ist es einfach wichtig, nach ein paar Wochen ganz bewusst den Punkt zu finden, an dem man sagt: JETZT KÜMMERN WIR UNS WIEDER UM UNS und die Liebe! In diesem Kapitel entdecken Sie Gute-Laune-Quickies, die Sie auch mit Baby verwirklichen können (→ siehe Seite 106 ff.)! Gift für die Liebe sind leider auch die Themen, die mit Baby auf einmal ganz oben auf der Tagesordnung stehen: Wer macht was im Haushalt? Wie viel Zeit hat der Partner trotz Job für sein Baby? Wer bringt mehr Einsatz für die Familie? SOS-Strategien von Müttern, die alle schon in der Situation steckten, helfen, sich zwischen diesen Polen nicht zu zerreißen. So ist es ein großer Romantikkiller, wenn man nur noch in eigener Sache verhandelt und die gemeinsame Sache dabei aus den Augen verliert (→ Seite 121 ff.). Seien Sie unbesorgt – an ihrem Liebesglück mussten schon viele Elternpaare basteln! Dass man dabei auf dem richtigen Weg ist, merkt man übrigens schon bald: Nämlich dann, wenn man den Satz »Ein Kind ist die Krönung der Liebe« unterschreiben kann!

Gute-Laune-Quickies in den Alltag einstreuen

Spontane Wochenend-Ausflüge in Wellness-Hotels, stundenlanges Lesen an verregneten Sonntagen gemeinsam auf der Couch, aufwendiges Kochen zu zweit – dieses Pärchenprogramm ist für Eltern – sagen wir es ganz ehrlich – fast unerreichbarer Luxus. Umso wichtiger ist es, nicht nur als Paar weiter zu funktionieren, sondern neue Gute-Laune-Quickies für sich zu entdecken, die man auch mit Kind verwirklichen kann. Und wenn man ein bisschen findig ist, dann sind selbst Kino oder Sauna gar nicht mehr so weit aus der Welt.

Autokino

Sie wollen zwei Stunden in eine Welt abseits von Windeln, Bäuerchen und spazieren gehen abtauchen? Fahren Sie zu dritt ins Autokino – zumindest in den ersten Monaten als Eltern funktioniert das spitze! Denn fast jedes Baby schläft (zumal abends) im Auto ein, also auch auf der Fahrt in die meist etwas außerhalb der City gelegenen Kinos. Und Sie können, wenn Sie Füttern, Wickeln & Co. vorher erledigt haben, in Ruhe den Film genießen. Ob auch ein Autokino in Ihrer Nähe ist, sehen Sie ganz einfach im Internet (→ Adressen, die weiterhelfen, Seite 156).

Wellness-Tag

Kleine Wellness-Auszeiten sind – gerade in der ersten Stressphase – das A und O. Zum Glück gibt es in den meisten Großstädten Erlebnisbäder, in denen man auch mit Kind relaxen kann. In München beispielsweise gibt es »Aqua & Soul«, ein Schwimm- und Erholungsbad nur für Babys und Eltern. Außer einem 37 Grad warmen Babyschwimmbecken gibt es einen Infrarotraum und eine 60-Grad-Biosauna zum Entspannen. Wussten Sie, dass schon kleinste Babys die kuschelig-warme Biosauna genießen? Auch wenn sich so eine Oase nicht in jeder Stadt findet, die meisten (Hallen-)Bäder haben mittlerweile über 30 Grad warme Schwimmbecken, in denen sich schon die Allerkleinsten pudelwohl fühlen. Dann kann Papa beispielsweise mit dem Kleinen planschen, während Mama in der Sauna schwitzt – und umgekehrt. Weiterer Vorteil eines solchen

Ausflugs: Gerade die ganz Kleinen sind nach Schwimmen und Saunen fix und foxi. Wenn Sie Ihr Kind vor der Heimfahrt noch füttern, schläft es garantiert zwei Stunden – und Sie haben zu Hause noch eine Stunde als **PAAR FÜR SICH**. In dieser Zeit hängen Sie natürlich nicht erst mal die nassen Handtücher auf…

Candlelight-Dinner zu dritt

In Italien und anderen südlichen Ländern ist es völlig normal, sein Baby auch abends zum Essengehen mitzunehmen. Nur wir haben oft Hemmungen – völlig zu Unrecht! Wenn Sie Ihr Kind abends noch nicht an einen Babysitter abgeben können oder wollen, können Sie – sobald Sie den Rhythmus Ihres Babys ein bisschen raushaben – einen solchen Ausflug wagen. Sollte Ihr Kind abendliche Schreistunden haben, gehen Sie einfach mittags schön Essen. Ansonsten probieren Sie es abends, das ist romantischer. Sie reservieren in einem Restaurant (nicht in einer total verrauchten Kneipe!) vorab einen Tisch und sagen, dass Sie mit Kinderwagen kommen. Dann kriegen Sie einen Tisch, den Sie auch erreichen können. Wenn möglich wählen Sie eine Location, zu der Sie zu Fuß gehen können – dann schläft das vorher gefütterte und gewickelte Baby hoffentlich schon auf dem Weg im Kinderwagen ein. Keine Angst – den ganz normalen Lärmpegel im Restaurant finden Babys beruhigend! Klar kann es sein, dass so ein Ausflug mal schief läuft, Ihr Baby sich nicht wohl fühlt und Sie vielleicht sogar überstürzt aufbrechen müssen. Aber deswegen grundsätzlich zu Hause zu sitzen ist keine gute Alternative.

TIPP

Lassen Sie sich professionell bekochen

→ Nicht ganz billig, aber praktikabel, wenn es aus irgendwelchen Gründen einfach nicht drin ist, das Haus zu verlassen: Mittlerweile kann man sich Köche für einen Abend nach Hause holen, die nicht nur einkaufen, kochen und die Küche wieder aufräumen, sondern die auch den Tisch dekorieren und die passenden Weine mitbringen. Einen Mietkoch in Ihrer Nähe finden Sie am besten via Internetrecherche (→ Adressen, die weiterhelfen, Seite 156).

Auch Kleinigkeiten machen Laune

Zugegeben, ein bisschen organisieren muss man schon, um (fast) wie zu kinderlosen Zeiten ins Kino, in die Sauna oder ins Restaurant zu kommen. Aber zum Glück gibt es auch Kleinigkeiten mit großer Wirkung, die das Babychaos gleich halb so wild scheinen lassen. **NICHTS WIE RAUS, SOBALD DIE SONNE SCHEINT**, ist beispielsweise so eine Aktion, die jedes Paar leicht in die Tat umsetzen kann – und die sofort positiv wirkt: Das Licht pusht den Serotoninspiegel im Gehirn und verbessert so nicht nur unser psychisches Wohlbefinden und die geistige Leistungsfähigkeit, sondern baut auch Stress ab. **BESUCH AUSLADEN** ist ein legitimer SOS-Tipp, wenn es um die Liebe geht. Da sieht man den Partner schon unter der Woche nur abends, wenn beide k.o. sind – und dann pflastert man sich auch noch das wertvolle Wochenende mit Einladungen zu, schließlich will jeder das Baby sehen. Die Konsequenz: Wenn die Gäste weg sind, räumt man erst mal lange auf, und anschließend ist man abends so ausgepowert wie unter der Woche. Zweisamkeit? Von wegen! Unser Tipp: Sagen Sie einfach guten Gewissens eine Einladung ab, die Sie belastet, und kümmern Sie sich am Wochenende nur um sich!

MOTIVIEREN SIE IHN, FRÜHER NACH HAUSE ZU KOMMEN – auch das tut Ihnen als Paar gut. Natürlich können Sie ihn nicht jede Woche anrufen und bitten, einfach alles liegen zu lassen, aber ab und zu sollte das schon drin sein. Wann? Beispielsweise, wenn das Kind krank ist und den ganzen Tag weint. Wir finden aber, es muss gar kein besonderer Anlass vorliegen. Sie würden sich einfach wahnsinnig freuen, wenn die gemeinsame Zeit am Abend mal zwei Stunden länger wäre. Ist das nicht Grund genug?

Ein Date mit dem Partner

Ihre Freunde wissen mittlerweile mehr über Jobnews und Befindlichkeiten Ihres Liebsten als Sie? An den letzten entspannten zweisamen Moment können Sie sich gar nicht mehr erinnern? Damit stehen Sie nicht allein da, das kennen fast alle frisch gebackenen Eltern. Höchste Zeit für einen Fluchtplan aus dem Babyalltag!

Tapetenwechsel für die Liebe

Natürlich kann man sich auch zu Hause einen Candlelight-Abend machen. Nur kommt da allzu leicht etwas dazwischen: Zahnschmerzen des Babys, ein spannender Krimi, den man unbedingt noch zu Ende lesen will, oder schlicht das verlockende Sofa … Deshalb brauchen Sie Inspiration

ERFAHRUNGSBERICHT

Birgit (33)

Die Zweisamkeit kam bei uns manchmal schon zu kinderlosen Zeiten zu kurz: Wir beide waren sehr engagiert im Job, hatten abends zum Teil auch noch Termine oder sind zum Sport oder ab und an mit Freunden ausgegangen. Mit Baby wurde es dann noch extremer: Obwohl wir die Abende öfter gemeinsam zu Hause verbrachten, konnte man nicht von echter Zweisamkeit sprechen. Wegen Schlafmangel hingen wir am liebsten auf dem Sofa ab, schliefen schon mal gemeinsam vor dem Fernseher ein. Aber manchmal, in wachen Augenblicken, ertappte ich mich bei Gedanken wie »Wann haben wir uns zum letzten Mal richtig unterhalten?« oder »Wann hatten wir eigentlich das letzte Mal Sex?« Beim Fernsehabend mit Sicherheit nicht.

von außen. Organisieren Sie eine Babybetreuung, und testen Sie das mittlerweile vermutlich nicht mehr ganz so neue In-Lokal, von dem all Ihre Freunde seit Wochen schwärmen.

Das Herzklopfen wieder spüren

Erinnern Sie sich noch an das Goldene Zeitalter, als Sie noch nicht zusammenlebten und sich mit Ihrem Liebsten ganz offiziell um eine bestimmte Uhrzeit irgendwo verabredeten? Und sich mit Herzklopfen für den Abend schön machten? Ein Kick, den Sie wieder haben können: Buchen Sie Ihren Babysitter einfach schon zwei Stunden früher, dann haben Sie noch Zeit für ein ausgedehntes Beauty-Programm. Und er hat vielleicht Lust, vor dem Abend mit Ihnen sein Fitnessstudio mal wieder von innen zu sehen. So kommen Sie beide auf getrennten Wegen ins Restaurant und haben vorher etwas Luxus-Zeit für sich, in der Sie sich auf den anderen freuen können …

Gemeinsam Pläne schmieden

Gemeinsame Pläne lassen Sie als Pärchen wieder aufleben: Überlegen Sie, wohin der nächste Urlaub gehen soll, ob Sie das Theater-Abo wieder aktivieren wollen, ob Sie die neue Espressomaschine kaufen … Träumen erlaubt! Nicht jeder Plan muss kurz vor der Realisierung stehen.

Ein sexy Dessert

Und zum »Nachtisch« des Dates wäre Sex schön, klar. Oft ergibt er sich nach so einem weinbeschwingten Abend ohnehin ganz von selbst – früher war ja im Bett auch nicht schon nach fünf Minuten Sendepause. Aber selbst wenn es noch nicht klappen sollte, ist das okay. Weil sich künftig weitere Gelegenheiten ergeben werden – wenn Sie ab jetzt das gemeinsame Ausgehen wieder zum regelmäßigen Ritual machen!

»Mutterkurs« für den Partner

Trotz aller guten Vorsätze ist es doch häufig so: Nach der Geburt nimmt der Partner zwei, drei Wochen »Babyurlaub«, dann kehrt er ins Büro zurück, während man selbst vorläufig noch zu Hause beim Kind bleibt. Zwar fällt Papa der Abschied erst mal schwer, er ruft oft an, fragt, wie es läuft. Aber spätestens nach ein paar Wochen ist wieder Routine im Job eingekehrt, ja, manchmal stürzt sich der Partner geradezu in die Arbeit. Wenn man nicht aufpasst, lebt man plötzlich ganz schnell in zwei völlig verschiedenen Welten – und das ist Gift für jede Partnerschaft. Dabei kann der Partner, auch wenn er wenig Zeit hat, mit gutem Willen ganz viel für das Baby tun. Nur kommt er von allein oft nicht drauf. Aber mit diesen Tricks garantiert!

→ **STÄRKEN SIE SEIN SELBSTBEWUSSTSEIN**, indem Sie ihm klarmachen, wie wichtig er für das Kind ist und welche besondere Rolle er hat: Verschiedene Studien kommen zu dem Ergebnis, dass Väter zur Entwicklung der Allerkleinsten einen einzigartigen Beitrag leisten. Während sich Mütter eher mit der Babypflege beschäftigen, den Nachwuchs baden, cremen, windeln, machen Väter mehr Imitationsspiele, schneiden Grimassen und stimulieren die Kleinen mit Geräuschen oder optischen Reizen.

→ **LEGEN SIE IHM EINEN RATGEBER SPEZIELL FÜR VÄTER** auf den Nachttisch. Glücklicherweise gibt es so was heute. So findet der Vater Infos zum Thema, von denen er sich direkt angesprochen fühlt, und muss sich nicht aus den vielen Mütterratgebern das Passende herausfiltern.

→ **BITTEN SIE IHN, MIT DEM BABY EINEN KURS ZU BESUCHEN.** In den meisten Städten werden auch samstags Eltern-und-Kind-Kurse angeboten – egal, ob Babymassage, PEKiP, Musikgarten oder Schwimmen. Der Vater kann aber auch wunderbar am Wochenende etwas selbst Organisiertes allein mit dem Baby unternehmen. Auch wenn er sich zunächst etwas dagegen wehrt, wird die Verantwortung ihn stolz machen.

→ **ERMUNTERN SIE IHN ZUM AUSTAUSCH MIT ANDEREN VÄTERN!** Der Austausch mit anderen ist sehr wichtig für ihn, vor allem wenn es in seinem Freundeskreis noch kaum Väter gibt. Im Internet gibt es mittlerweile gute Adressen auch für Väter (→ Adressen, die weiterhelfen, Seite 156).

→ Geben Sie ihm am Wochenende einen »Mutterkurs«. Er übernimmt ein Wochenende lang alle Jobs rund um das Baby. So kommt er auch mal in das Vergnügen des Badens, Cremens, Wickelns (siehe oben).

Viele Väter haben die Befürchtung, sie könnten das nicht – auch weil wir Mütter es immer zu selbstverständlich und »weil's schneller geht« übernehmen. Machen Sie diesen Fehler nicht! Wenn Sie von Anfang an Ihren Partner an der Babywelt teilnehmen lassen, wird er sich von der engen Mutter-Kind-Bindung nicht ausgeschlossen fühlen. Und das ist ein dicker Pluspunkt für Ihre Liebe!

Sex unter neuen Vorzeichen

Gerade waren wir noch ein Liebespaar – und jetzt sind wir Eltern. Das Kind steht im Mittelpunkt. Dauerstress, kaum Zeit für Hobbys – und auch keine oder nur sehr wenig Zeit für Sex. Und vielleicht auch weniger Lust. Sind Eltern machtlos dagegen? In den ersten sechs Wochen nach der Geburt ja, denn da sorgt der Wochenfluss für Abstinenz. Und danach? Da gibt es durchaus Möglichkeiten, das gemeinsame Sexleben nicht ganz links liegen zu lassen!

4

Machen Sie Sex zum Thema

Die ersten Wochen und Monate nach der Geburt können so ziemlich das Anstrengendste sein, was man je erlebt hat. Unser Körper dient fast ausschließlich dem kleinen Säugling: zu wenig Schlaf, hormonelle Achterbahnfahrten, pralle Brüste, die auf unbestimmte Zeit für Babys Nahrung sorgen. Wer kann da noch an Sex denken?

Was hilft? Ganz einfach: darüber reden! Oft denken wir Frauen, dass unsere Partner schon von allein merken müssten, wie es um uns steht. Doch meist kann ihr Einfühlungsvermögen mit unseren Erwartungen nicht mithalten. Frauen neigen zur indirekten Kommunikation, diese funktioniert aber noch nicht einmal mit allen Frauen, geschweige denn mit Männern. Und noch etwas kommt hinzu: Die Auswirkungen der umwälzenden Veränderungen im Körper einer Frau sind für Männer schwer nachzuvollziehen – Sie müssen schon etwas Klartext reden, damit er weiß, wie es Ihnen geht.

Klare Ansagen gegen den Frust

Nichts ist frustrierender, als wenn Sie immer wieder nachts seiner fordernden Hand ausweichen – und zwar für beide. Versuchen Sie Ihrem Partner klar und bestimmt zu sagen, was Sie brauchen. So weiß jeder, woran er ist. Zum Beispiel: »In drei Wochen will ich abstillen, dann kann ich wieder anfangen, an Sex zu denken.« Oder: »Ich brauche jetzt eine Pause. Ich sage dir, wenn ich wieder Energie habe.« Wichtig: Diesen Punkt dann nicht einfach verstreichen lassen, sondern ihn ansprechen und ein erstes Fazit ziehen. Und: Zwischenergebnisse kommunizieren, damit die »Durststrecke« nicht unüberwindbar erscheint (»Ich fühle mich schon wieder besser«).

Auch Blümchen-Sex hat seinen Reiz

Klar verbinden Männer mit Sex meist das volle Programm. »Nur kuscheln« ist irgendwie immer noch ein Frauenthema. Oder? »Männer wollen doch nicht immer«, so der Männerexperte Peter Jamin. Eine Frauenzeitschrift fand in einer Umfrage heraus, dass 19 Prozent der Männer auch unter einem gewissen Leistungsdruck stehen, weil ihre Partnerin gern Sex möchte, sie selbst aber zu müde und zu gestresst sind. So gesehen kann Blümchen-Sex für beide doch auch mal eine willkommene Alternative sein: eine Ganzkörper-Massage, ein gemeinsames Bad oder eine Dusche zu zweit, spazieren gehen und dabei Händchenhalten. Kleine, zärtliche Gesten im Alltag wie ein intensiver Abschiedskuss, spontane Umarmungen oder Fußmassagen beim Fernsehen können außerdem dafür sorgen, dass mangelnde sexuelle Nähe als weniger belastend für die Beziehung empfunden wird.

Neue Zeiten, neuer Sex

Mit der Zeit kehrt Normalität ein, das Kind schläft immer öfter durch, wir haben abgestillt, machen wieder Sport. Man taut – früher oder später – aus der sexuellen Starre wieder auf. Und dann? Es ist wichtig, gemeinsame Zeitinseln zu entdecken und zu nutzen. Zum Beispiel abends, wenn das Kleine gerade eingeschlafen ist. Oder wenn es ein Mittagsschläfchen macht. Wozu dann extra ins Bett gehen?

ERFAHRUNGSBERICHT

Kathrin (29)

Früher sind wir gemeinsam ins Bett gegangen. Aber seit unsere Tochter auf der Welt ist, gehe ich immer etwa eine Stunde früher. Ich habe schon immer mehr Schlaf gebraucht als mein Mann – und mit Kind hat sich das noch verstärkt. Und ich denke auch, dass er die Ruhe und die Zeit nachts ganz für sich allein auch genießt. Der klassische Zeitpunkt für Sex entfällt bei uns also. Denn wenn er zu Bett geht, schlafe ich längst. Wir haben deshalb neue Zeitfenster entdeckt, die auch ihren Reiz haben. So gesehen haben wir durch unser Kind sogar richtig Kreativität in unser Liebesleben gebracht.

Einfach dort bleiben, wo man gerade ist und spontan genießen! Ehrlicherweise muss man sagen, dass dieser Tipp leichter bei Eltern funktioniert, die erst ein Kind haben. Bei zwei Kindern ist die Wahrscheinlichkeit groß, dass immer eines auf ist. Da hilft dann wirklich nur noch eins: Sich gegenseitig auch mal wecken. Nachts oder ganz früh am Morgen zum Beispiel. Das ist meist nur im ersten Moment nervig, dann merkt man ganz schnell, dass es sich wirklich lohnt, das Schlafpensum ausnahmsweise spontan zu reduzieren.

Ganz wichtig ist auch, sich nicht nur Zeitinseln, sondern auch RAUM für erotische Gefühle zurückzuerobern. Viele Väter ziehen kurz nach der Geburt ins Wohnzimmer oder Gästezimmer. Klar, er muss mal wieder eine Nacht durchschlafen, um seinen Job machen zu können. Aber signalisieren Sie Ihrem Partner, dass das nicht zum Dauerzustand werden darf – eine echte Gefahr für die Liebe! Verpassen Sie auch nicht den Augenblick, in dem es für Ihr Baby Zeit wird, sein eigenes Reich zu beziehen.

Den Alltag über Bord werfen

Sie lächelt ihn an und sagt: »Na, hast du heute Abend schon etwas vor?« Er antwortet tonlos: »Heute abend ist Kinderkrippen-Versammlung.« Okay. Hatten wir ganz vergessen. Aber ist das nicht auch mal egal? Die nötige Portion Spontanität bringt den Alltag und das gemeinsame Liebesleben in Schwung. Es lohnt sich also durchaus, Termine zu schwänzen, den Freitagabend-Supermarkteinkauf zu streichen – einfach den Alltag zu vergessen –, um sich und die Liebe zu genießen.

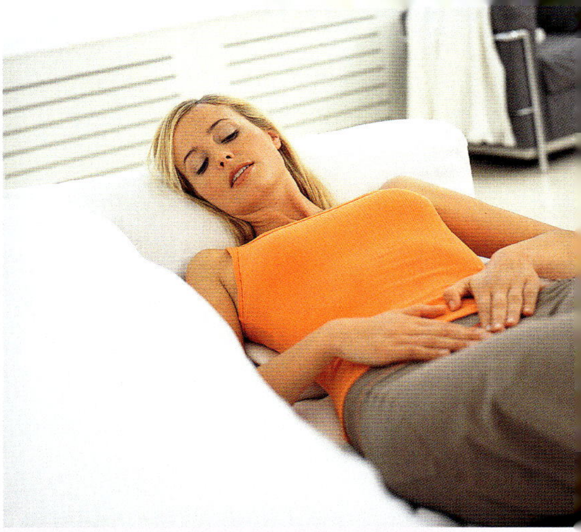

1 MEHR LUST

2 BECKENBODEN-FITNESS

4 Wahrheiten über Mütter und Sex

Während des Wochenflusses legen die meisten Paare freiwillig eine Pause beim Sex ein. Und in den seltenen Momenten, in denen einem das Kleine Ruhe gönnt, möchte man sowieso nur eines: schlafen!

Aber eben nicht miteinander ... Viel Lust haben in dieser ersten Zeit mit Baby ohnehin die Wenigsten. Und danach, wenn man aus dem Gröbsten raus ist – wird alles wie früher? Das will jede Frau wissen. Doch trotz aller Aufgeklärtheit bleiben viele Fragen rund um das Thema »Sex nach der Geburt« unbeantwortet oder werden nicht gestellt. Wir geben Ihnen offen Auskunft.

1 MEHR GEFÜHL ERLEBEN

Viele Frauen haben nach der Geburt sogar mehr Lust auf die Liebe. Dafür sorgen eine bessere Durchblutung und höhere Empfindsamkeit der Vagina. Aber bitte haben Sie etwas Geduld! Je nach Stilldauer, hormoneller Entwicklung und Rückbildung kann es nämlich bis zu einem Jahr dauern, bis sich dieser Effekt einstellt.

2 TRAINING MACHT DEN MEISTER

Nach einer Schwangerschaft gibt es oft Probleme mit dem Beckenboden. Manchmal fühlt sich die Vagina sogar wie eine weite Höhle an, in der der Penis quasi

verschwindet. US-Forscher nennen das »Lost-Penis-Syndrome« – und das kann heißen: weniger Spaß am Sex. Was garantiert hilft, ist konsequente Beckenbodengymnastik. Außerdem gibt es in Sexshops praktisches Zubehör, mit dem Sie die Beckenbodenmuskulatur gezielt stärken können. Besonders gut für das Training sind Liebeskugeln (z. B. »Smartballs«).

3 SO LÄUFT ES WIE GESCHMIERT

Manchmal ist theoretisch die Lust da, aber praktisch will es einfach nicht funktionieren: Wegen der Hormonumstellung nach der Geburt leiden Mamas, besonders wenn sie stillen, unter einer trockenen Scheide. Schmerzen ertragen und Zähne zusammenbeißen? Oder sich in Enthaltsamkeit üben und auf bessere Zeiten warten? Nein, danke! In der Apotheke oder in Erotikshops gibt es Gleitgel, das hilft. Und nehmen Sie sich viel Zeit, damit die Lust Gelegenheit hat, sich zu entfalten!

4 BEGEHREN UND BEGEHRT WERDEN

Mutter oder Verführerin? Das Geburtserlebnis kann hier schon mal für Verwirrung beim Vater sorgen. Hinzu kommt, dass das Baby zu Hause alles in Beschlag nimmt, inklusive des Schlafzimmers. Mama selbst findet sich vielleicht sowieso schon unerotisch und würde nicht die Initiative zum Sex ergreifen – jetzt ist das Liebeschaos fast perfekt. Von allein ändert sich daran auch nichts. Unser Tipp: Nehmen Sie sich Zeit füreinander, machen Sie Ausflüge in Ihre Sex-Vergangenheit und tun Sie (wieder) die erotischen Dinge, die Sie in den ersten Monaten oder Jahren Ihrer Beziehung getan haben – das sorgt für Überraschungen und lässt keine Zweifel bei ihm offen!

Geheimnisse bewahren

Geheimnisse machen attraktiv – man spürt, irgendwo ist bei dem anderen noch etwas zu entdecken. Das regt die Fantasie an und weckt die Neugier. Diesen Zusammenhang hat der Soziologe und Philosoph Georg Simmel schon Anfang des 20. Jahrhunderts beschrieben. Heißt also: Man muss nicht immer alles erzählen, jeden Winkel der eigenen Seele, jedes Erlebnis und jeden Gedanken immer sofort preisgeben – später eingestreut haben Sie viel mehr Überraschungseffekt. Ganz für sich behält man besser alle Details rund um Ausfluss & Co. Freundinnen und andere Mütter sind hier einfach die besseren Gesprächspartner.

Jobs gerecht verteilen

Das Baby kommt, Mama ist zu Hause. Zumindest erst mal. Schnell rutscht man da trotz aller Emanzipation in die klassische Rollenverteilung: Papa arbeitet, Mama kümmert sich – sie ist ja ohnehin daheim – um Kind, Küche, Haushalt. Natürlich will man sich gegenseitig unterstützen und gemeinsam das Unternehmen Familie am Laufen halten. Dabei ist aber wichtig, dass JEDER von beiden bestimmte Jobs übernimmt. Wenn Mama nichts anderes versucht, als Papa »den Rücken frei zu halten«, fehlt ihr schnell die Luft zum Atmen – und die Energie für eigene Projekte und Ideen, sei es beruflich oder privat. Der Psychologe Georg Felser warnt: »Fühlt einer von beiden sich dauerhaft ausgebeutet, weil er fast ausschließlich für Kind und Haushalt verantwortlich ist, verabschiedet sich die Romantik mit Sicherheit bald.« Kurzfristig kann diese Opferbereitschaft auch mal nötig werden. Zum Beispiel: Weil er gerade einen neuen Job begonnen hat, übernimmt sie eine Zeit lang Haus und Kind. Auf Dauer sollte man aber eine Lösung finden, in der beide eingespannt sind.

Ein Trick von Großfamilien: Jedes Familienmitglied bekommt eine Wäscheklammer mit einer bestimmten Farbe. Und die Klammern werden dann den Jobs im Haushalt zugeordnet, zum Beispiel indem die »Jobs« auf einem Wochenplan erfasst und die Klammern drangepinnt werden. So ist auf einen Blick klar, wer was macht –

und nächste Woche wird neu verteilt. Das lässt sich ganz leicht für die Kleinfamilie übernehmen: So ist klar, wer von beiden diese Woche oder diesen Monat Getränke einkaufen muss, Wäsche macht, das Kleine in die Krippe bringt beziehungsweise abholt, den Garten pflegt, die Überweisungen macht usw. Wem das zu formell ist, der kann auch ein paar Grundsatzvereinbarungen treffen: Wenn ER zum Beispiel bügeln wie die Pest hasst, sich aber mit Badputzen dafür bedankt, dass SIE sich mit seinen Hemden herumplagt, ist der Hausfrieden bald wiederhergestellt. Es gilt Schritt für Schritt auszuloten, wer sich wo am ehesten austoben möchte.

Haushaltshilfen bieten Unterstützung

Auch wenn Sie jetzt gerade vielleicht mehr zu Hause sind als früher: Sie müssen trotzdem nicht alles im Haushalt selbst erledigen – außer natürlich, Sie möchten das so. Ob für den Job, für Hobbys oder für das Kind – Haushaltshilfen verschaffen Ihnen Freiräume. Wer also schon immer eine Putzfrau hatte, sollte ihr in dieser Phase keinesfalls kündigen. Wenn es finanziell eng wird, zum Beispiel weil ein Gehalt wegfällt, kann man sie ja weniger oft kommen lassen. Zweimal im Monat bringt auch schon sehr viel!
Vielleicht brauchen Sie aber auch nur für die erste, stressige Zeit mit dem Baby zu Hause Unterstützung? Über Kleinanzeigen in Lokalblättern lässt sich jemand auch für diesen eher kurzfristigen Job finden.

Lassen Sie andere schleppen!

Sie können unglaublich viel Zeit sparen und sehr effektiv arbeiten, wenn Sie liefern lassen, statt selbst einkaufen zu gehen. Gerade die Dinge, die man in Massen und auf Vorrat benötigt, kann man wunderbar im Internet bestellen, zum Beispiel Lebensmittel oder Drogerieartikel. Auch kleine Geschenke oder Mitbringsel lassen sich online aussuchen und bestellen, ob für Kinder, für Freunde oder für sich selbst (→ Adressen, die weiterhelfen, Seite 156). Auch die meisten großen Kaufhäuser bieten in ihren Lebensmittelabteilungen einen Lieferservice an. Bestellt wird dann meist per Fax oder telefonisch. Oder Sie suchen vor Ort aus, ersparen sich aber durch den Lieferservice die Schlepperei nach Hause. Schonend für Ihren Rücken und Ihre Ner-

4

ven ist auch ein Getränkeheimdienst. Und gerade für Mütter besonders praktisch: die Öko-Kiste mit Obst und Gemüse aus biologischem Anbau. Erkundigen Sie sich, wer das in Ihrer Region anbietet. Als Öko-Kiste kommt dann, zum Beispiel einmal pro Woche, eine frische Lieferung direkt an die Haustür. Bei manchen Anbietern liegen sogar schon die passenden Rezepte dabei.

Vorsicht, Beziehungsfalle!

»Wir wollten gemeinsam eine Familie gründen und sind zu Verhandlungsführern geworden.« Das bringt eine Erfahrung auf den Punkt, die viele Paare machen, wenn ein Kind auf der Welt ist: Man vergleicht ständig, wer mehr Einsatz fürs Kind und die Familie gebracht hat, wem es also »schlechter« geht bei dem Bemühen um eine funktionierende Kleinfamilie.

Wenn Verhandeln zum Alltag wird

Da fallen Sätze wie beispielsweise: »Ich kümmere mich hier um unser Kind, organisiere drumherum meinen Job, mache den Back-up im Haushalt, während du dich nur um deinen Job kümmern musst.« Oft handeln Paare ständig aus, wer jetzt wieder »dran« ist und wer seine eigenen Interessen verfolgen darf. »Ich habe den Kleinen gestern ins Bett gebracht, dafür darf ich heute zum Sport.« Oder: »Am Samstag machst du was mit den Kindern, am Sonntag bin dann ich dran.«
Es ist ganz normal und auch gut für die Beziehung, wenn man sich als Paar gegenseitig unterstützt, um sich dadurch wohlverdiente Freiräume zu schaffen. Zur Beziehungsfalle wird diese Verhandlerei (»Ich mache x, dann musst du y tun«), wenn Taktik und Härte im Umgang miteinander dominieren. Wenn das gemeinsame Leben nur noch aus Stabübergaben zwischen Mann und Frau besteht, anstatt dass beide gemeinsam an ihrem Glück basteln, gerät die Liebe schnell in Gefahr, und es ist höchste Zeit, etwas zu unternehmen.

Eine Lösung: Top-Listen

Man muss nicht alles aushandeln. Um manche Dinge kann man den Partner einfach bitten. Es macht doch auch viel mehr Freude, jemandem einen Gefallen zu tun. Zum Beispiel schläft morgens derjenige aus, der ein Morgenmuffel ist. Und wer Bewegung und Sport zum Wohlfühlen braucht, bekommt auch die Zeit dafür. Jeder hat seine eigene, ganz persönliche »Top-Liste«, auf der zwei bis drei persönliche Wichtigkeiten stehen. Mehr nicht. Es sollte dann für beide kein Problem sein, dem anderen diese »Tops« auch gerne zu ermöglichen. Und zwar unabhängig von den Gegenleistungen!

Entscheidungen gemeinsam treffen

Ein Friseurtermin am Samstag, ein Kurztrip mit der besten Freundin, eine Essenseinladung der Nachbarn. Es ist schöner, wenn gemeinsam entschieden wird, ob diese Verabredungen gerade passen oder nicht. Im Job ist ganz alltäglich, dass man die Kollegen in die Planungen, die sie betreffen, einbezieht. Das sollte auch zu Hause gelten. Denn für jeden ist die Zeit knapp, und es nervt, wenn man ohne Rücksprache verplant wird.

Familienausflüge gezielt organisieren

Wer bei gemeinsamen Familienausflügen trotzdem Zeit für sich oder für seine Projekte braucht, muss sich aus dem Programm nicht ausklinken, sondern kann es gezielt organisieren: Zum Badeausflug einfach Oma und Opa, eine Nichte, eine Nachbarin oder eine Single-Freundin mitnehmen. Die kümmern sich dann liebend gerne um das Kleine, während Mama liest und Papa ein Nickerchen macht. Oder man macht einen ausgedehnten Spaziergang und organisiert ihn zeitlich so, dass das Baby einschläft. Wenn die Eltern dann in ein Lokal einkehren oder ein Picknick machen, ist erst mal Pause für alle.

4

Die Finanzen neu organisieren

Vielleicht war Geld bisher kein Thema für Sie: Bevor das Baby kam, hatte jeder seinen Job und sein Geld. Miete und größere Anschaffungen wurden geteilt, sonst zahlte mal der eine und mal der andere. Das klappte ohne viele Worte.
Doch mit Baby wird das alles anders. Wenn Sie als Mutter in Vollzeit weiterarbeiten, wird es »nur« Diskussionen über die zusätzlichen Ausgaben für das Kind geben: Ist eine Tagesmutter günstiger als eine KITA? Muss es dieses Spielzeug sein, tut es nicht auch ein preiswerteres etc. Bleiben Sie, zumindest erst mal, zu Hause oder arbeiten in Teilzeit, gehen die Diskussionen übers liebe Geld tiefer – denn plötzlich steht weniger Geld als vorher zur Verfügung, gleichzeitig gibt es ein Familienmitglied mehr, für das man Ausgaben tätigen muss und auch möchte.

Let's talk about money

Die finanzielle Abhängigkeit ist sicherlich eine der bittersten Pillen für Frauen, die in ihrem Job kürzertreten. Aber das ist kein Grund, die Elternzeit hindurch ein schlechtes Gewissen zu haben. Es sollte vielmehr ein Anlass sein, seine eigene Einstellung zu überdenken!

Wichtige Fragen, die Sie und Ihr Partner sich stellen sollten, um auch den finanziellen Aspekt der Elternzeit zu klären, finden Sie hier.

→ **WARUM FÄLLT ES SO SCHWER, ÜBER GELD ZU REDEN?** Keiner lässt sich in puncto Finanzen gern in die Karten schauen – daran ändert auch die Liebe nichts. Denn Geld ist ein Stück Freiheit, vielleicht sogar eine kleine Rückversicherung für den Fall, dass die Beziehung schief geht – auch wenn man das nicht mal vor sich selbst zugibt.

→ **WIE ERREICHT MAN, DASS SICH KEINER ÜBERVORTEILT FÜHLT?** Egal, ob ein Konto oder mehrere, ob Haushaltsbuch oder »über den Daumen gepeilt« – fehlt das Vertrauen, ist Streit vorprogrammiert. Entscheidend ist deshalb, dass beide die Finanzsituation der Familie überschauen können.

→ **WAS KANN MAN GEGEN DEN »FRAUCHEN-KOMPLEX« TUN?** Manche Frauen scheinen ihrem Partner regelrecht beweisen zu wollen, dass sie ihr Geld auch wirklich wert sind. Und stürzen sich mit dem gleichen Perfektionismus in Kindererziehung und Haushalt wie früher in den Job. Tun Sie das besser nicht! Keine moderne Frau sollte plötzlich zur Mutter Beimer mutieren, nur weil sie sich entschieden hat, Elternzeit zu nehmen und nicht zu arbeiten! Sollte hinter dieser Macke jedoch Ihr Partner stecken, der Sie um jedes neue Paar Schuhe betteln lässt, sollten Sie dringend mit ihm über die Finanz-Organisation sprechen. Finanzexperten empfehlen Paaren mit einem Alleinverdiener eine Drei-Konten-Lösung: sein, mein und unser Konto. Das gemeinsame Konto trägt die mittel- und langfristigen Ausgaben (zum Beispiel Urlaub, größere Neuanschaffungen) und die täglichen, gemeinschaftlichen Kosten. Auf das jeweils eigene Konto wird das Restgeld für persönliche Bedürfnisse verteilt. (Als Mindesthöhe an Geld für den eigenen Bedarf gelten fünf bis sieben Prozent des Nettoeinkommens des Alleinverdieners.) In der Zeit, in der ein Partner nichts oder kaum etwas verdient, und sie/er keine Rente ansparen kann, sollte im Rahmen der finanziellen Möglichkeiten für sie/ihn privat vorgesorgt werden. Damit signalisiert der Alleinverdiener seine Wertschätzung der Haus- und Erziehungsarbeit.

→ WAS TUN BEI ZOFF? Immerhin drehen sich laut Studien 80 Prozent der Streits in Partnerschaften ums Thema Geld. Und meist ist der Zoff nur ein Ventil für tiefere Beziehungsprobleme à la »Wer hat die Macht in der Beziehung?« oder »Wessen Bedürfnisse setzen sich durch?«. Ein sicheres Zeichen dafür ist: Selbst bei Mini-Ausgaben (beispielsweise dem Kinobesuch mit einer Freundin) kommt es zur Explosion. Nicht mehr bloß übers Geld, sondern dringend über die Beziehung reden sollte man auch, wenn man feststellt, dass der Partner ganz unterschiedliche finanzielle Lebensziele hat (sie will für ein Haus sparen, er das Leben genießen). Versteht sich eigentlich von selbst, dass man solche Differenzen am besten schon überwunden haben sollte, bevor man gemeinsam ein Kind bekommt.

Schöner streiten

Familie, Beruf und Liebe sorgen bei vielen Eltern für Dauerstress. Die Nerven sind gespannt wie Drahtseile. Den Streitfaktor erhöht außerdem, dass man viel weniger Zeit füreinander hat, um die Themen frühzeitig anzusprechen. Oft schluckt man einen Ärger nach dem anderen herunter, bis dann unvermittelt der ganze Groll hervorbricht. Gut möglich, dass sich so aus einer Kleinigkeit ein Riesenstreit entwickelt. Und gerade ein Streit nach dem Motto »Was ich dir schon lange sagen wollte…« ist Gift für die Beziehung! Genauso natürlich wie das lange In-sich-Hineinfressen. Obwohl wir es besser wissen sollten, denken wir, dass der Partner unsere üble Laune nicht bemerkt. Dabei weiß er ganz genau: Wenn wir auf seine Frage »Ist was?« nur »Nichts, wieso?« antworten, ist es höchste Zeit für eine Aussprache.

Kleiner Kurs im Ärger-Management

Besprechen Sie kleinen und großen Groll gleich, wenn er entsteht. Und wenn es tatsächlich mal so richtig Zoff gibt, meistern Sie diese Ausnahmesituation mit den folgenden Tipps gleich viel besser.

Ins Auto einsteigen

Am besten lässt sich im Auto diskutieren und streiten. Die Kleinen schlafen schnell ein, keiner kann ausweichen, und das Fahrgeräusch beruhigt die Nerven. Natürlich eignet sich das nicht für den spontanen emotionalen Ausbruch. Aber es gibt immer mal wieder Grundsatzdiskussionen, für die man sich als Paar Zeit nehmen muss. Vielleicht überlegen Sie sich ein nettes Ziel für die Fahrt? Das sorgt für eine positive Grundstimmung bei der Diskussion.

Reden nach Regeln

Emotionsgeladene Diskussionen, gegenseitige Schuldzuweisungen und Beharren auf dem eigenen Standpunkt bringen keine Auseinandersetzung und auch keine Beziehung weiter. Wer sich in Konflikten an bestimmte Regeln hält, bringt sich und die Sache voran. Verabreden Sie sich mit Ihrem Partner zu einem festen Termin, an dem Sie das Problem diskutieren wollen. Jetzt darf es keine Störung geben – Kinder ins Bett, Handy aus, Fernseher aus! Das Gespräch läuft nach einem festen Ablauf ab: Jeder darf fünf Minuten reden und seinen Standpunkt erläutern. Auch wenn es noch so schwer fällt, sollte es dabei keine Unterbrechungen oder Zwischenfragen geben. Dann ist der andere dran. So kann jeder das sagen, was ihm auf dem Herzen liegt – und der andere hört wirklich zu. Das Gespräch sollte mindestens eine Stunde dauern, besser 90 Minuten. Über diesen Zeitraum schafft man wirklich, ein Thema auszudiskutieren. Die Regeln helfen, emotionale Ausreißer zu vermeiden und eine konstruktive Lösung zu finden.

Das Deal-Spiel machen

»Wenn ich dich zum Geschäftsessen begleite, musst du mit mir zur Ausstellungseröffnung.« Wohlwollen lässt sich durch gewisse Gegenleistungen erkaufen. Das ist besser für die Beziehung, als ewig herumzustreiten, ob ein Termin wichtig ist oder nicht. Diese Deals – der Austausch gegenseitiger Gefälligkeiten – können richtig Spaß machen und Schwung in eine Beziehung bringen. Vorausgesetzt, man nutzt den anderen nicht aus oder regelt alles im Leben nur noch über Leistung und Gegenleistung.

Streitpunkte entschärfen

Meist streitet man immer wieder um dieselben Dinge. Die Explosionsgefahr ist da natürlich besonders groß. Ein Klassiker: Sie findet, dass er zu wenig im Haushalt mit anpackt. Statt mit ungezielten Vorwürfen loszulegen (»Ich muss immer alles allein machen!«), können Sie auch mal Folgendes ausprobieren: Bitten Sie Ihren Partner darum, Ihnen einen Gefallen zu tun und folgende zwei Sätze zu sagen: »Wobei kann ich dir helfen?« und »Lass mich das für dich tun.« Das gilt übrigens auch umgekehrt.

Drei Mal Versöhnung feiern

Alle Streitstrategien haben nichts genutzt, gerade gab es wieder richtig Ärger? Dann muss einer den ersten Schritt tun, um sich

5 Basics für die Liebe

KLEINE ÜBERRASCHUNGEN

Er hat es sich verdient: Überraschen Sie den gestressten Papa mit einem kleinen Geschenk.

ZEIT SCHENKEN

Klar, man braucht Zeit füreinander – aber auch Zeit für sich. Gönnen Sie sich gegenseitig die Stunde im Fitnessstudio, den Kinobesuch …

FÜR VORFREUDE SORGEN

Ob Familienurlaub oder Wellness-Wochenende zu zweit – Reisepläne machen das Babychaos erträglicher.

LIEBE GEBEN

Seit das Baby da ist, leben Sie wie Nonne und Mönch? Schluss damit! Zärtlichkeit und Sex sind ein Muss für gestresste Eltern!

STREITLOS GLÜCKLICH

Oft ist ein Streit nur ein Sturm im Wasserglas. Wer nicht jeden Kampf ausfechten muss, lässt der Liebe mehr Platz.

wieder zu versöhnen. Über den eigenen Schatten zu springen fällt mit diesen Versöhnungsideen gleich viel leichter:

- »ICH WILL NICHT MIT DIR STREITEN« sagen und mit einem Abwechslungsprogramm überraschen. Der Klassiker: Sex. Aber auch eine spontane Pizza-Einladung (wer das Baby nicht mitnehmen kann, lässt eben liefern) sorgt wieder für bessere Laune.
- EINEN GUTSCHEIN für das nächste Heimspiel der Fußballmannschaft, eine Freikarte fürs Kino, eine Eintrittskarte für ein Day-Spa schenken.
- Ein größerer Krach, bei dem hinterher alle erst mal beleidigt sind? Da ist Zeit genug, einen KUCHEN IN HERZFORM zu backen. Beim Teigrühren und -schlagen kann man sich erst mal abreagieren und beruhigen – und hinterher den Allerliebsten in die Arme schließen und gemeinsam Kuchen essen.

Zeigen Sie dem Papa Ihre Liebe

Nach der Geburt eines Kindes wird meist das Baby rundum verwöhnt – Mütter kümmern sich erstmal nur um das Neugeborene und vergessen schnell die Bedürfnisse ihres Partners. Zeit, dass auch mal der Papa gepampert wird! Der hatte zwar schon während der Schwangerschaft Gelegenheit, sich daran zu gewöhnen, dass sich Freunde und Verwandte fast ausschließlich nach dem Befinden seiner Frau erkundigten, aber jetzt, wo das Baby da ist, kreist naturgemäß auch die Frau fast ausschließlich um das Kind. Natürlich versteht das jeder selbstbewusste und klar denkende Partner auch. Trotzdem sollten wir uns bemühen, den Liebsten weiterhin wichtig zu nehmen und ihm das auch zu zeigen – dasselbe erhoffen wir uns ja schließlich auch von ihm. Ein paar Vorschläge:

- GEHEN SIE AN MINDESTENS DREI TAGEN PRO WOCHE GLEICHZEITIG MIT IHM INS BETT. Fallen Sie nicht immer – weil Sie nachts stillen müssen und deshalb vorschlafen wollen – zwei Stunden früher ins Bett als er. Wer gemeinsam ins Bett geht, hat mehr Zweisamkeit. Und: In den wertvollen Minuten vor dem Einschlafen bleibt Zeit für Gespräche und Zärtlichkeiten.
- LASSEN SIE IHM KLEINE

LIEBESBOTSCHAFTEN ZUKOMMEN. »Ich liebe Dich« zu sagen oder ihm zu zeigen, dass Sie ihn lieben, kommt mit Baby manchmal zu kurz. Schließlich geben wir dem oder der Kleinen schon so viel Liebe. Aber auch Ihr Partner braucht Aufmerksamkeit und freut sich über einen spontanen Anruf im Büro, in dem Sie ausnahmsweise nicht über den Babyalltag reden, sondern ihm sagen, wie toll er ist. Oder Sie bereiten ihm, wenn er morgens mal ganz früh raus und weg muss, ein »Frühstück mit Herz«: Einfach schon am Abend vorher den Frühstückstisch decken und ihm eine kurze Liebesbotschaft hinterlassen.

→ **SAGEN SIE IHM, WAS FÜR EIN TOLLER VATER ER IST.** Auch wenn er tagsüber im Büro ist und Sie sich die meiste Zeit mit dem Kind beschäftigen – in seiner Freizeit holt der Papa das Versäumte meist kräftig auf und kümmert sich ganz verliebt um seinen Nachwuchs. Sagen Sie ihm, wie toll er das macht und wie gut Sie ihn in seiner Vaterrolle finden.

→ **HABEN SIE SEX MIT IHM.** Sex nach der Geburt ist ein großes Thema. Selbstverständlich entscheiden wir Frauen, wann uns wieder danach ist – die ersten sechs Wochen nach der Geburt wird von den Ärzten ja ohnehin davon abgeraten. Wir wollen an dieser Stelle lediglich dazu ermutigen, es – sei es aus Angst vor Schmerzen, sei es aus Müdigkeit, sei es weil man selbst mit der Abstinenz ganz gut leben kann – nicht zu weit hinauszuschieben. Wagen Sie es und probieren Sie es einfach mal aus. Er nämlich vermisst den Sex (→ Seite 111ff.).

4

Ein zweisamer Abend daheim

Keine offizielle Statistik belegt es, aber unsere Erfahrungswerte sagen: Wer ein Baby bekommen hat, schaltet öfter den Fernseher ein. Es relaxt einfach, sich abends berieseln zu lassen – oft ist man auch schlicht zu nichts anderem mehr fähig. Sicher ist gegen einen solchen Couch-Potato-Abend auch nichts einzuwenden: Aber richtig inspirierend für die Liebe ist es nicht, wenn nur die Werbepausen für den Austausch der nötigsten Infos bleiben. Zu Dauerprogramm und Routine sollte das gemeinsame auf dem Sofa abhängen daher auf keinen Fall werden. Spätestens wenn Sie sich fragen, was der Liebste eigentlich den ganzen Tag so macht oder wann Sie das letzte Mal gekuschelt haben, ist es Zeit, über eine alternative Abendgestaltung nachzudenken.

Wir raten deshalb: Schalten Sie öfter mal die Glotze aus! Und probieren Sie einen der folgenden Tipps aus.

1

2

Home-Spa

Ein Wochenende im Wellnesshotel ist Balsam für erholungsbedürftige Eltern – aber eben leider (inklusive Babysitter) auch nicht ganz billig. Wie gut, dass man auch das heimische Bad in ein Home-Spa verwandeln kann! Achten Sie darauf, dass es schön warm ist, und sorgen Sie mit (Duft-)Kerzen oder farbigem Krepppapier über den Lampen für gedämpftes Licht. Dann lassen Sie heißes Wasser in die Wanne laufen, geben duftende Essenzen dazu, und los geht's zu zweit ins heiße Vergnügen! Alternativ können Sie sich unter der Dusche gegenseitig mit einem Peeling abrubbeln. Danach verwöhnen Sie sich gegenseitig mit Cremes, Ölen, festen Massagebars oder Körperpuder. Legen Sie zum Beautyprogramm Ihre gemeinsame Lieblings-CD auf, oder probieren Sie mal Kurzentspannungsmethoden aus (Buchtipps finden Sie auf Seite 155).

Hör-Erlebnis

Sie haben zu wenig Energie, um abends noch zu lesen – vermissen es aber, gar keine aktuellen Bücher mehr zu kennen? Hörbuch heißt die Alternative! Mittlerweile führt fast jeder Buchladen ein gutes Sortiment von Literatur zum Hören – gelesen von den Autoren selbst oder von bekannten Schauspielern. Es gibt viel Auswahl: Sachbücher, Krimis, Klassiker, Gedichte etc. – da finden Sie mit Sicherheit etwas, das Ihnen beiden gefällt. Zum Einsteigen ins Hör-Erlebnis empfiehlt sich jedoch ein kürzeres Buch oder Kurzgeschichten, so dass Sie höchstens vier CDs hören müssen, um das Ende zu erfahren. Schenken Sie Ihrem Partner zum Wochenende eine Hör-CD, die Ihnen beiden gefallen könnte, kuscheln Sie sich abends, wenn das Baby im Bett ist, mit einem guten Glas Rotwein auf die Couch, und lassen Sie sich in eine andere Welt entführen.

3

4

Picknick im Wohnzimmer

Winterfrust, weil wegen des Säuglings gerade kein Schneevergnügen drin ist? Die Schneebar kann man sich nicht in die Wohnung holen – aber einen Hauch von Sommerfeeling: Planen Sie fürs Wochenende ein romantisches Picknick in Ihrem Wohnzimmer: Heizung bis zum Anschlag aufdrehen, leichte Sommerklamotten anziehen, den Picknickkorb mit Leckereien von Hühnersalat bis Quiche Lorraine füllen, eventuell eine (nur leicht alkoholisierte) Fruchtbowle kaltstellen. Vielleicht haben Sie auch Lust, nachmittags zur Einstimmung Urlaubsfotos aus kinderlosen Zeiten hervorzukramen und sich zurückzuerinnern. Räumen Sie alle Babysachen aus Ihrem Blickfeld, rollen eine gemütliche Decke auf dem Boden aus, legen Urlaubsmusik in den CD-Player und sorgen mit Kerzen für schummriges Licht, das Sie Ihre Umgebung vergessen lässt …

1 Nähe tanken, Haut spüren, einfach Zärtlichkeit geben und nehmen: Abendliche Kuschel-Stunden, wenn das Kind schläft, sind ganz wichtig für Sie als Paar. Gönnen Sie sich diese Zeit.

2 Ob Wanne oder Dusche: Mit ein paar pflegenden Zusätzen wird das eigene Bad zum Day-Spa! Entspannung pur vom Alltagsstress im warmen Wasser ist garantiert. Düfte, Cremes und Massagen wecken schon mal Lust auf mehr …

3 Gemütlich aneinanderkuscheln, Augen zu – und Ohren auf. Die meisten Eltern sind zum Lesen abends einfach zu müde. Lassen Sie sich von Hörbüchern gemeinsam in andere Welten entführen!

4 Wie lange ist es her, dass Sie ein romantisches Picknick erlebt haben? Das ist auch mit Baby ganz einfach: Spielsachen aus dem Blick räumen, Decke ausrollen – und gemeinsam bei Urlaubsmusik genießen.

5

Mother at work – Baby und Job vereinbaren

→ **Die meisten Frauen steigen heute bald nach einer Geburt wieder in den Job ein. Wie gelingt das am besten? Wir geben Entscheidungshilfen, wann und wie der Wiedereinstieg gut klappen kann. Dabei ist eines klar: Patentrezepte gibt es nicht. Aber es gibt entscheidende Infos und Anregungen, die Ihnen helfen, den Spagat zwischen Baby und Arbeit gut hinzubekommen.**

Von der Supermutti zum Allround-Talent

Kind, Job, Haushalt, Partnerschaft – keine Frau schafft es, in allen Bereichen alles zu geben, ohne sich zu zerreißen. Glücklicherweise gehört dieses Ideal des Superweibs auch vergangenen Zeiten an. Moderne Mütter entscheiden heute anders: Damit sie selbst nicht auf der Strecke bleiben, SETZEN SIE GUTEN GEWISSENS SCHWERPUNKTE. Und diese werden nach einiger Zeit wieder den dann sicherlich veränderten Umständen ANGEPASST. Eine allein erziehende Mutter wird nicht umhin kommen, neben dem Baby auch den Job sehr wichtig zu nehmen. Andererseits gibt es Frauen, die sich nach vielen Jahren ganz bewusst für eine wenn auch kurze Auszeit mit Kind entscheiden.

5

Expertin in eigener Sache

Die Entscheidung, wie man seinen Job mit Kind weiter organisieren will, ist für keinen leicht. Dazu kommt, dass den Müttern mehr oder weniger große Steine in den Weg gelegt werden. So sind die Vorurteile von Chefs oder Kollegen leider immer noch ziemlich groß. Kein Grund zu resignieren! Im Gegenteil: Das Kind muss nicht zwangsläufig zum »Job-Killer« werden, wenn man ein paar Regeln für die Gespräche mit Vorgesetzten beachtet (→ Seite 134 ff.), Ahnung von den rechtlichen Möglichkeiten hat (→ Seite 136 ff.) und die zur eigenen Situation passende Betreuungsmöglichkeit findet (→ Seite 141 ff.). Mit dem richtigen Know-how schon in der Schwangerschaft und den eigenen Erfahrungen rund um den Wiedereinstieg wird man zur EXPERTIN IN EIGENER SACHE. Und dann kann es sogar sein, dass Sie überrascht feststellen, dass das Kind zum Job-Motor geworden ist – weil Sie neue Möglichkeiten und Seiten an sich entdeckt haben!

Abschied auf Zeit – Know-how über die Elternzeit

Hormonchaos, Babyblues oder ständige Müdigkeit – man hat schon oft gelesen, was nach der Geburt alles auf einen zukommen kann. Trotzdem bleibt die Zeit nach dem Tag X eine Black Box: »Du machst Dir keine Vorstellung!« ist sicher der Satz, der diese Situation am besten trifft. Das will und kann man sich während der Schwangerschaft eben noch nicht vorstellen. Man muss es aber, denn genau jetzt steht die Entscheidung an: Wie lange gehe ich in Elternzeit? Wie lange kann ich aus meinem Job wegbleiben, ohne den Anschluss zu verpassen? Und wie lange MÖCHTE ich überhaupt wegbleiben? Möchte ich die Möglichkeit haben zu verlängern, oder nehme ich ein Jahr Elternzeit und lasse die anderen beiden verfallen? Gerade beim ersten Kind und im Hormonchaos der Schwangerschaft fällt diese Entscheidung schwer. Aber treffen müssen Sie sie – laut Statistischem Bundesamt sind heute nur noch 35 Prozent aller Mütter Nur-Hausfrauen; irgendeine Form von beruflichem Wiedereinstieg oder Neubeginn planen die meisten. Und nicht nur Sie selbst brauchen ja eine berufliche Perspektive, auch andere erwarten klare Ansagen von Ihnen. Und doch, wenn der Tag X da ist, ist es häufig so, als ob irgendetwas in uns auf »reload« drückt: Ein Baby wirbelt unsere vorgeburtlichen Pläne gehörig durcheinander. Und alles ist anders als erwartet und als wir es uns vorgenommen haben: Eigentlich wollte man so schnell wie möglich wieder arbeiten. Aber ein Stillrhythmus in kurzen Intervallen und ein dauerschreiendes Kind sorgen für wenig Schlaf und nehmen einen sehr mit. Deshalb kommt man in den ersten Wochen nicht einmal dazu, regelmäßig E-Mails zu checken oder zu Meetings in die Firma zu fahren. Ganz zu schweigen von einem freien Kopf für kreative Ideen.

Pläne sind nicht für die Ewigkeit

Also am besten vor der Geburt keine Pläne machen? Nicht unbedingt. Es hilft allerdings, sich darüber im Klaren zu sein, dass diese zwar während der Schwangerschaft einem selbst und anderen Orientierung bieten, nach dem Tag X aber unter Umständen keine Gültigkeit mehr haben! Denn man weiß einfach nicht, wie es dem Baby geht, wie die Beziehung die Umstellung verkraftet, und vor allem wie man sich selbst fühlt. Beispielsweise denkt man vielleicht vor der Geburt: »Nach acht Wochen will ich wieder arbeiten.« Und dann kann man sich gar nicht vorstellen, dieses kleine Wesen schon von jemand anderem betreuen zu lassen. Oder es ist genau umgekehrt: Ihnen fällt schon nach kurzer Zeit die Decke auf den Kopf; der Job, die beruflichen Herausforderungen und die Anerkennung fehlen Ihnen mehr, als Sie angenommen hatten.
Es ist wenig sinnvoll, zwanghaft an überholten Plänen festzuhalten, schon gar nicht anderen zuliebe! Behalten Sie aber gleichzeitig im Hinterkopf, dass man die ersten paar Wochen wegen der kompletten Hormon- und Lebensumstellung oft gar nicht klar denken kann. Viele Frauen sagen sogar, dass sie erst nach dem Abstillen wieder wirklich ganz sie selbst waren. Was einem drei Wochen nach der Geburt noch völlig unmöglich erscheint, hält man eventuell schon drei Monate später für durchaus machbar, wenn nicht sogar für richtig erstrebenswert.

Verlängern oder verkürzen?

Dummerweise ist man gezwungen, bis spätestens zwei Wochen nach der Geburt eine sehr wichtige Entscheidung zu treffen. Der Gesetzgeber schreibt nämlich Angestellten vor, bis dahin den Zeitraum der Elternzeit zu definieren. Was tun? Das SOS-Know-how für diese Situation: DIE ENTSCHEIDUNG IST WICHTIG, ABER NICHT ÜBERZUBEWERTEN. Denn man kann sie immer noch korrigieren, wenn sich Ihre Einschätzung der Situation ändert!
Und: In der Regel ist es einfacher, die Elternzeit zu verlängern, als sie zu verkürzen. Der Grund: Die meisten Unternehmen stellen eine Schwangerschaftsvertretung ein, deren Vertrag auch leichter verlängert als verkürzt werden kann.
Wichtig: Sie haben nur einen Anspruch darauf, eine zweijährige Elternzeit auf drei Jahre zu verlängern. Wenn Sie nur ein Jahr Elternzeit angegeben haben und nun um ein Jahr verlängern wollen, brauchen Sie dafür die Zustimmung des Arbeitgebers, der dies auch ablehnen kann. Eine Verkür-

5

zung ist in jedem Fall nur mit Zustimmung des Arbeitgebers möglich. (Infos zu rechtlichen, politischen und finanziellen Fragen finden Sie auch im Internet, → Adressen, die weiterhelfen, Seite 155 f.)

Schaffen Sie sich große Gestaltungsspielräume

Grundsätzlich können einmal gemachte Angaben zur Elternzeit fast immer nur mit der Zustimmung Ihres Arbeitgebers wieder verändert werden; zum Beispiel auch, wenn Sie während der Elternzeit doch gerne Teilzeit arbeiten würden. Einfacher ist es so: Sie haben während der Elternzeit ein Recht auf bis zu 30 Stunden Teilzeit pro Woche. Wenn Sie diese Variante von Anfang an mit einbeziehen, haben Sie größtmögliche Gestaltungsräume. Das nimmt der Elternzeit-Entscheidung nochmals die Brisanz. Immerhin könnten Sie dann in der theoretisch arbeitsfreien Elternzeit praktisch doch arbeiten, da Sie bis zu vier Fünftel Ihrer alten Arbeitszeit im Job sein dürfen.

TIPP

Lieber zu viel angeben

→ Es ist leichter, die Teilzeit zu reduzieren, als sie auszudehnen. Geben Sie eher eine größere Stundenzahl an und reduzieren Sie gegebenenfalls, wenn es zu viel wird. Die meisten Unternehmen kürzen lieber einmal geplante Budgets, als sie auszuweiten.

Nutzen Sie die Zeit im Unternehmen

Ein weiterer Tipp an dieser Stelle: ENTSCHEIDEN SIE DIE DETAILS DER ELTERNZEIT BEREITS VOR DER GEBURT! Zwei Wochen nach der Geburt sind Sie, was diese Frage betrifft, sicherlich nicht schlauer – und haben wahrscheinlich, gerade aus dem Krankenhaus zurück, weder Zeit noch Lust, einen offiziellen Brief zu schreiben. Außerdem ist dieser Zeitpunkt etwas spät, um mit dem Chef und den Kollegen die weitere Joborganisation zu besprechen. Entscheiden Sie sich also besser schon in der Zeit, in der Sie noch aktiv im Unternehmen tätig sind.

Heikle Situationen

Manchmal fällt die Entscheidung besonders schwer – etwa wenn der Partner gerade einen Job sucht. Haben Sie hier Mut zu neuen Modellen: Nimmt es vielleicht den Druck, wenn SIE bald wieder einsteigen, und ER in der Bewerbungsphase das Kind hütet?

Kompaktinfos zur Elternzeit

- Entscheidung Elternzeit: Zwei Wochen nach der Geburt des Kindes muss dem Arbeitgeber die Entscheidung über die Dauer der Elternzeit schriftlich vorliegen.
- Elternzeit können sowohl Mütter als auch Väter maximal drei Jahre lang nehmen.
- Die Empfehlung vieler Beratungsstellen lautet: Zwei Jahre Elternzeit beantragen, damit das dritte Jahr flexibel gestaltet werden kann.
- Soll das dritte Jahr direkt an die ersten beiden anschließen, muss man den Arbeitgeber acht Wochen vor Beginn des dritten Jahres informieren.
- Wer das dritte Jahr später nehmen möchte, hat dazu bis zum achten Geburtstag des Kindes die Möglichkeit, wenn man dies mit dem Einreichen der ersten Elternzeit ankündigt (wenn Sie also mitteilen, zwei Jahre Elternzeit nach der Geburt zu nehmen, teilen Sie gleichzeitig mit, dass Sie das dritte Jahr aufsparen und irgendwann bis zum achten Geburtstag Ihres Kindes nehmen werden). Nehmen Sie das dritte Jahr nicht direkt im Anschluss an die ersten zwei Jahre, können Sie es nur nehmen, wenn der Arbeitgeber zustimmt.
- Während der Elternzeit darf man bis zu 30 Stunden pro Woche arbeiten. Und verliert übrigens dadurch auch keine Ansprüche auf Gelder, wie zum Beispiel Elterngeld. Auf diese Teilzeitarbeit gibt es einen Rechtsanspruch. Voraussetzung: Der Betrieb hat mehr als 15 Beschäftigte und die Teilzeitarbeit pro Woche liegt über 15 Stunden – jedoch maximal bei 30 Stunden.
- Elternzeit kann in jedem Arbeitsverhältnis genommen werden – also auch bei befristeten Verträgen, bei Teilzeitarbeitsverträgen und bei geringfügig Beschäftigten. Wichtig: Befristete Verträge verlängern sich dadurch allerdings nicht!

Regeln für das Gespräch mit dem Chef

Nach dem Schwangerschaftstest und nach dem ersten Termin beim Frauenarzt trägt man erst mal ein kleines Geheimnis mit sich herum. Jetzt hat man Zeit, sich zu zweit mit dem Partner zu freuen und schrittweise auf die neue Situation vorzubereiten. Und Antworten auf die Frage zu finden: »Wie sage ich es meinem Chef?«
Nicht nur das erste Informieren über die Schwangerschaft will gut vorbereitet sein, sondern auch alle weiteren Termine, die man in dieser Sache mit seinem Vorgesetzten hat. Wir geben Anregungen für die wichtigsten Gesprächssituationen.

Gespräch Nummer 1: »Ich bin schwanger.«

Es gibt keinen gesetzlich vorgeschriebenen Termin, bis wann man offiziell über die Schwangerschaft informieren muss. Die entsprechende Formulierung im Mutterschutzgesetz lautet: »Werdende Mütter sollen ihrem Arbeitgeber ihre Schwangerschaft und den mutmaßlichen Termin der Entbindung mitteilen, sobald ihnen ihr Zustand bekannt ist.«
Gleichzeitig sagt man aber auch, die werdende Mutter sollte am besten bis nach der zwölften Woche warten, da es bis dahin vermehrt Risiken geben kann, durch die sie das Kind vielleicht verliert. Spätestens bis zur 15. Schwangerschaftswoche sollten Sie es aber kommuniziert haben – also bevor der Bauchumfang für sich selbst spricht! In manchen Berufen ist es auch unumgänglich, schon vor Ablauf der ersten zwölf kritischen Wochen über eine Schwangerschaft zu informieren, da Überstunden, Nachtarbeit und Sonn-/Feiertagsarbeit in der Schwangerschaft verboten sind und auch einige Sonderregelungen (beispielsweise für die Arbeit mit gefährlichen Stoffen) gelten! Mehr dazu finden Sie im Mutterschutzgesetz (→ »Adressen, die weiterhelfen«, Seite 155).
Aus der Vorgabe des Mutterschutzgesetzes zur Information des Arbeitgebers ergeben sich zwei kritische Situationen: Da Sie Ihren Arbeitgeber über die Schwangerschaft informieren sollen, sobald SIE es wissen, dürfen natürlich keine Kollegen VOR IHREM CHEF über die Schwangerschaft Bescheid wissen! Erst der Chef, dann die Kollegen – wenn Sie diese Grundregel nicht einhalten wollen, sollten Sie sich fragen, ob auch noch so vertrauenswürdige und enge Freundinnen im Job wirklich (!) dicht halten können. Ansonsten diese lieber nach dem Chef informieren.
Wenn Sie Ihren Vorgesetzten informiert haben, wird sich bald die Personalabteilung bei Ihnen melden, um die Formalitäten rund um den Mutterschutz zu regeln. Dazu gehört, dass Sie den Entbindungs-

termin nachweisen müssen, da dieser Termin zur Errechnung der Mutterschutzfristen benötigt wird. Haben Sie Ihre Schwangerschaft früh bemerkt, aber sehr spät kommuniziert, könnte es problematisch sein, den MUTTERPASS beim Arbeitgeber vorzulegen. Denn im Mutterpass befindet sich noch ein anderes, verräterisches Datum: »Schwangerschaft festgestellt am …« Dann ist es besser, die Schwangerschaft und den Entbindungstermin über ein ATTEST vom Frauenarzt zu belegen. Hebammen raten sogar dazu, da sich im Mutterpass auch Informationen befinden, die Ihren Arbeitgeber nichts angehen, zum Beispiel Ihre Antworten zu den Faktoren einer Risikoschwangerschaft, zur Anzahl vorheriger Fehlgeburten und Abtreibungen etc. Was viele nicht wissen: Dieses Attest muss der Arbeitgeber bezahlen (§ 5 Absatz 3 Mutterschutzgesetz)!

Wenn Sie schon Ideen haben, wann Sie wie wieder einsteigen wollen, können Sie natürlich mit Ihrem Chef darüber sprechen. Erfahrungen zeigen, dass es sich lohnt, das Heft des Handelns in der Hand zu halten und selbst Vorschläge zu machen – so kann man am besten die eigenen Vorstellungen umsetzen und früh alles Nötige in die Wege leiten. Grundsätzlich müssen Sie aber die Frage »Wie planen Sie jetzt?« zu diesem Zeitpunkt noch nicht beantworten. Es ist völlig legitim, wenn Sie dafür noch Zeit brauchen. Sie sollten dann aber auf gar keinen Fall das Gespräch beenden, ohne einen nächsten Termin vereinbart zu haben, an dem man sich zusammensetzt, um die Joborganisation gemeinsam zu besprechen. Wenn Sie sich ohnehin ganz sicher sind, in welcher Form Sie wieder einsteigen wollen, sollten Sie dies auch schon beim ersten Gespräch deutlich signalisieren. Je früher Sie Ihre Ansprüche anmelden, desto mehr Chancen haben Sie auf Verwirklichung.

Erwarten Sie von Ihren Vorgesetzten keine emotionalen Ausbrüche über die Schwangerschaft – weder im positiven noch im negativen Sinne. Die meisten Chefs werden dies als »Managementaufgabe« betrachten.

Gespräch Nummer 2: »So sehen meine aktuellen Pläne aus.«

Es gibt gesetzliche Vorschriften, wann Sie Ihre Pläne Ihrem Vorgesetzten mitteilen müssen: Zwei Wochen nach der Geburt ist die Entscheidung über die Dauer der Elternzeit schriftlich einzureichen. Das heißt: Man hat theoretisch zwischen der offiziellen Information über die Schwangerschaft und diesem Termin kein wirkliches Gespräch mit dem Chef geführt. Formal zwar richtig, aber keine gute Basis für eine Zusammenarbeit. Außerdem ist zwei Wochen nach der Geburt ein sehr später Zeitpunkt, um mit dem Chef und den Kollegen die weitere Joborganisation zu besprechen.

Der ideale Zeitpunkt für diesen Gesprächs-

termin ist so früh wie möglich (siehe Gespräch Nummer 1). Achten Sie darauf, Ihre Pläne so klar wie möglich zu formulieren. Zum Beispiel: »Ich komme nach der Elternzeit voll zurück.« Oder: »Ich plane eine Pause von zwölf Monaten.« Oder: »Ich werde zwei Jahre Elternzeit nehmen und danach voraussichtlich in Teilzeit zurückkehren.«
Überlegen Sie sich selbst ein Job-Modell, statt nur abzuwarten, was Ihnen vom Chef angeboten wird. So schaffen Sie es leichter, die für Sie beste Variante auch durchzusetzen. Erstellen Sie zum Beispiel Listen mit Jobs, die Sie auch während der Elternzeit von zu Hause aus erledigen können, arbeiten Sie eine konkrete Zwischenlösung aus, bis Sie wiederkommen.
Rechnen Sie mit »Totschlag-Argumenten« wie »Teilzeit gibt's bei uns nicht« oder »Bei uns ist noch nie eine Mutter wieder eingestiegen«. Lassen Sie sich davon nicht aus der Fassung bringen, sondern teilen Sie Ihrem Chef ganz cool Ihr Know-how über den Rechtsanspruch auf Teilzeitarbeit mit. Jeder Betrieb mit mehr als 15 Beschäftigten muss Müttern Teilzeitarbeit ermöglichen – zwischen 15 und 30 Stunden pro Woche – es sei denn, dem stehen »dringende betriebliche Gründe entgegen«, wie es im Bundeselterngeld- und -elternzeitgesetz (BEEG) heißt.
Chefs oder Personalabteilungen haben oft keine Ahnung von den Details rund um Mutterschutz, Elternzeit und Teilzeitansprüchen. Es ist ungemein wichtig, dass Sie sich gut auf die Gespräche vorbereiten und die wichtigen Informationen selbst sammeln – und das Expertenwissen nicht nur von anderen erwarten.

Kündigungsschutz für Mütter

Die Schutzvorschriften zugunsten von (werdenden) Müttern finden Sie im Mutterschutzgesetz. Es gilt für alle Arbeitnehmerinnen und Auszubildenden, unabhängig davon, wie lange Sie bereits in diesem Job arbeiten (also auch in der Probezeit) und wie groß das Unternehmen ist. Der Kündigungsschutz für werdende beziehungsweise frisch gebackene Mütter greift ab dem ersten Tag des Arbeitsverhältnisses.

VORAUSSETZUNG FÜR DEN KÜNDIGUNGSSCHUTZ ist natürlich eine Schwangerschaft! Weiß der Chef noch nichts, so können Sie ihn noch zwei Wochen nach der Kündigung über die Schwangerschaft informieren, um den Kündigungsschutz zu erhalten. Der Kündigungsschutz dauert noch vier Monate nach der Entbindung an. (Für Mehrlingsgeburten gelten andere Fristen!)

Achtung bei befristeten Verträgen

»Der Kündigungsschutz während der Schwangerschaft gilt nur dann, wenn das Arbeitsverhältnis tatsächlich durch eine Kündigung beendet werden soll«, erklärt Kathrin Rohlff, Anwältin für Arbeitsrecht in München. »Ist aber beispielsweise für die Dauer der Probezeit im Arbeitsvertrag vereinbart worden, dass das Arbeitsverhältnis mit Ablauf der Probezeit automatisch endet, so besteht auch kein Kündigungsschutz.« Genauso wenig schützt eine Schwangerschaft vor Ablauf von befristeten Verträgen.

Besonderheiten in der Elternzeit

Auch in der an den Mutterschutz nach der Geburt angrenzenden Elternzeit gelten besondere Schutzvorschriften für Vater oder Mutter: Der Arbeitgeber darf das Arbeitsverhältnis ab dem Zeitpunkt, von dem an die Elternzeit verlangt worden ist, höchstens jedoch acht Wochen vor Beginn der Elternzeit, und während der Elternzeit nicht kündigen. Nur das Gewerbeaufsichtsamt kann die Kündigung in besonderen Fällen für zulässig erklären.

Kündigung im Mutterschutz

Glücklicherweise sind Frauen in Deutschland also während der Schwangerschaft und in den ersten vier Monaten nach der Geburt rechtlich sehr gut vor Kündigungen geschützt. Das wissen auch die Arbeitgeber.

Aber natürlich gibt es keine Vorgaben ohne AUSNAHMEN. In seltenen Fällen kann das Gewerbeaufsichtsamt oder das Arbeitsschutzamt (je nach Bundesland) auf Antrag des Arbeitgebers eine Kündigung zulassen. Als eine solche Ausnahme wurden bisher etwa die Existenzgefährdung des Arbeitgebers, die Stilllegung eines Betriebs(teils) ohne Versetzungsmöglichkeit für die Arbeitnehmerin und strafrechtliche Verfehlungen der Arbeitnehmerin gewertet. Die Kündigung kann in solchen Fällen erst NACH der Zustimmung der Behörde ausgesprochen werden.

Es gibt immer wieder Fälle, in denen Chefs versuchen, (werdende) Mütter loszuwerden. In dem Fall hilft …

→ … rechtliches Know-how, um vor dem Chef selbstbewusst aufzutreten.

→ … schnelles Handeln, denn auch nach einer rechtswidrigen Kündigung müssen Fristen eingehalten werden, in denen gegen die Kündigung geklagt werden darf.

→ … es, einen Anwalt für Arbeitsrecht einzuschalten. Er ist der richtige Verhandlungspartner, wenn es um Abfindungen oder die Vertretung vor Gericht geht.

Für das Recht auf Teilzeit ebenso wie bei einer Kündigung in Mutterschutz oder Elternzeit gilt: Es lohnt sich in jedem Fall, Kampfgeist zu zeigen! Lassen Sie sich ohne Scheu in allen Fragen juristisch beraten.

Arbeitsrecht-Anwältin Kathrin Rohlff weiß: »Leider kommt es immer wieder vor, dass Firmen versuchen, Teilzeitkräfte und besonders Mütter davon abzuhalten zurückzukehren. Da wird die Teilzeit abgelehnt, man bietet ihnen einen ganz anderen Arbeitsplatz an oder man droht Ihnen in der Elternzeit mit Kündigung.« Vieles davon hat keine juristische Basis, sondern läuft nach dem Motto: »Man kann's ja mal versuchen.« Ein guter Anwalt kann Ihnen Sicherheit verschaffen, und das lässt Sie wiederum selbstbewusst in die vielleicht unangenehme Diskussion mit Ihrem Arbeitgeber gehen.

Die eigene Kündigung

… und last but not least: **MAN SELBST** darf während des Mutterschutzes jederzeit fristlos kündigen. Zum Ende der Elternzeit können Sie den Job nur unter Einhaltung einer dreimonatigen Frist kündigen.

Während der Elternzeit am Ball bleiben

Egal wie lang Sie die Elternzeit gewählt haben: Irgendwann steht Ihnen der Wiedereinstieg in Ihre alte Firma oder zumindest in das Berufsleben bevor. Je länger Sie »Nur-Mutter« waren, desto größer wird Ihnen dieser Schritt zurück ins Berufsleben erscheinen. Damit die Hürde nicht zu groß wird und ein guter Kontakt zur alten Firma bestehen bleibt, sollten Sie schon während der Baby-Pause am Ball bleiben. Eigeninitiative heißt deshalb das Zauberwort schon während der Elternzeit. Wer eine Rückkehr in den Job plant, sollte weiter guten Kontakt zu Kollegen und Chefs halten. Denn leider nimmt die Bereitschaft im Unternehmen nach und nach ab, die frühere Kollegin während ihrer Baby-Pause auf dem Laufenden zu halten. Unsere Empfehlung: Lassen Sie den Kontakt zur Firma trotz allem Babytrubel nicht einschlafen. Bleiben Sie mit den Kollegen in E-Mail-Kontakt, lassen Sie sich auch nach dem obligatorischen Büro-Showlauf mit Baby immer mal wieder alleine in der Firma sehen und verabreden Sie sich mit Kollegen zum Mittagessen. Socializing macht den Wiedereinstieg leichter – Sie müssen die Kollegen nicht erst wieder »auftauen« und sich an eine in Ihrer Abwesenheit völlig veränderte Firma gewöhnen. Um in Kontakt zu bleiben, können Sie auch

- → an **WEITERBILDUNGEN TEILNEHMEN**. Das signalisiert, dass Sie am Ball bleiben wollen.
- → sich **FACHZEITSCHRIFTEN** nach Hause schicken lassen und die Newsletter

und Online-Dienste auch für Ihren privaten E-Mail-Account abonnieren.

- sich für URLAUBSVERTRETUNGEN ODER KURZJOBS ANBIETEN. So erhalten Sie Ihr Fachwissen und verpassen keine neuen Entwicklungen.
- sich ÜBER TEAMBESPRECHUNGEN INFORMIEREN LASSEN oder – wenn möglich – an wichtigen Meetings persönlich teilnehmen. Denn nichts geht über die persönliche Präsenz!
- die Möglichkeiten prüfen, sich extern MIT DEM COMPUTER IN DAS FIRMENNETZ EINWÄHLEN ZU KÖNNEN. So können Sie zum Beispiel Dokumente einsehen, Ihre Job-E-Mail weiter bedienen und auf das Intranet zugreifen.
- last but not least: auch das SOCIALIZING nicht vergessen, z. B. an der Weihnachtsfeier und dem Betriebsausflug teilnehmen, sich mit Geburtstags-E-Mails in Erinnerung bringen.

Kind und Karriere

Kind und Karriere – das ist eines der Lieblingsthemen aller einschlägigen Frauenzeitschriften. Oft liest man beeindruckende Erfahrungsberichte und wundert sich, wie einfach es scheinbar auch sein kann. Denn es ist leider Fakt in unserem Land: Schon Kind und ganz normaler (Teilzeit-)Job sind schwer zu vereinbaren. Wer als Frau ein Kind haben und Karriere machen will, das heißt eine Führungsposition hat oder anstrebt, muss Purzelbäume schlagen!
Drei Zahlen, die wir in diesem Zusammenhang bemerkenswert finden:

1 Die Statistik zeigt bei den Frauen ab 30 einen Knick: Während Männer in der Unternehmens- und Einkommenshierarchie nach oben klettern, bleiben die Frauen stecken oder springen gleich ganz von der Karriereleiter. Bis auf den Chefsessel schaffen es gerade einmal zehn Prozent – und auch dort verdienen sie nach einer Studie der Hamburger Wirtschaftsprofessorin Sonja Bischoff deutlich weniger als ihre männlichen Kollegen.

2 Nach der Entscheidung für Kinder bekommen Frauen im Schnitt gleich zwei Kinder, bleiben zweieinhalb Jahre zu Hause und verpassen damit völlig den Anschluss an die Karriere. Fast zwei Drittel der deutschen Mütter sind berufstätig. Aber was die Zahl verschweigt, ist, dass vier von fünf Frauen in eher arrierefeindlichen Teilzeitmodellen arbeiten.

5

3 Väter setzen, verglichen mit kinderlosen Männern in einer Paarbeziehung, ganze sechs zusätzliche Minuten am Tag für Hausarbeit ein. 80 Prozent der gesamten Haushalts- und Fürsorgearbeit in Familien leisten nach wie vor die Frauen, so Zeitbudget-Untersuchungen des Statistischen Bundesamts. Fazit: Die Emanzipationsbewegung hat das Geschlechterverhältnis im praktischen Alltag kaum revolutioniert – im Gegenteil: Während Anfang der neunziger Jahre junge Männer unter 25 Jahren »nur« zu 25 Prozent von Frauen bekocht wurden, sind es heute 70 Prozent, die bei Mama, Oma oder Freundin essen. »Verbale Aufgeschlossenheit bei weitgehender Verhaltensstarre« nennt der Soziologe Ulrich Beck die moderne männliche Haltung.
Ernüchtert? Sind wir auch. Und finden trotzdem: Die Verhältnisse in unserem Land sind kein Grund aufzugeben. Sie zeigen aber, dass man sich von Illusionen verabschieden und für seine eigene Sache immer noch kämpfen muss.

Die Rolle der Väter

Die Falle, in die viele junge Mütter mit Jobambitionen tappen: Sie bleiben »erst mal« daheim – sei es weil der Mann doch ein paar Euro mehr verdient, sei es weil sie Lust darauf haben. Aus dem »erst mal« wird ein dauerhaftes Arrangement, denn bald kommt schon Kind Nummer zwei… Doch letztlich ausschlaggebend ist unserer Meinung nach die Unterstützung der Väter: Viele Väter haben zwar gute Absichten, was ihr Engagement in Sachen Kinder und Haushalt angeht, »vergessen« diese aber im Alltag schnell. Und schon ist man auch als einst »emanzipiertes« Paar bei der klassischen Rollenaufteilung gelandet. Was den meisten Männern im Übrigen gar nicht ungelegen kommt – denn wer verbringt schon gerne seine Zeit mit Hausarbeit? Wir Mütter ja auch nicht unbedingt (→ siehe »Supermutti-Falle« Seite 37 ff.).
Wer also als Mutter mit Kind Karriere machen will, braucht einen Partner, der das ernsthaft unterstützt. Was wiederum in vielen Fällen heißt, dass der Vater in Sachen Karriere auch mal zurückstecken muss. Denn dass alle zwei Elternteile 150 Prozent ihrer Power in den Job stecken, funktioniert trotz aller Betreuungsunterstützung durch Krippen, Tagesmütter, Omas einfach nicht. Mit Kindern gibt es einfach immer unvorhersehbare Zwischenfälle, in denen zumindest ein Partner nicht auf (Auslands-)Dienstreise fahren kann, um im Notfall einzuspringen. So ist beispielsweise bekannt, dass Familienministerin Ursula von der Leyen, die in Sachen Frauen und Berufstätigkeit ja schon einiges Erfreuliches auf den Weg gebracht hat, viel praktische Unterstützung durch ihren Mann erhält. Ein Modell mit Zukunft, finden wir!

Wohin mit dem Kind? Übersicht der Betreuungsmöglichkeiten

Wer vorhat, bald wieder zu arbeiten, sollte sich am besten schon vor der Geburt um eine Betreuungsmöglichkeit für das Kind kümmern – auch wenn uns das in dem Moment vielleicht absurd erscheint. Aber: Bereits organisierte Kinderbetreuung lässt sich bei Planänderungen Ihrerseits besser wieder absagen als kurzfristig organisieren. Und auch wenn Sie zu diesem frühen Zeitpunkt noch nichts definitiv fix machen können oder wollen: Für Sie wird es eine ungeheure Erleichterung sein, wenn Sie zumindest die Infos zu den Betreuungsmöglichkeiten in Ihrer Nähe vor der Geburt zusammengesammelt haben. Mit einem Säugling dauert die gleiche Arbeit erfahrungsgemäß nun mal doppelt so lang…

Wir können Ihnen das an dieser Stelle leider nicht abnehmen, aber vielleicht erleichtern: Folgender Guide zeigt die verschiedenen Möglichkeiten. Sie können sich die heraussuchen, die für Ihre Situation am besten passen – und dann bei Ihnen vor Ort weiterrecherchieren.

→ **KINDERKRIPPE/KITA** Der Klassiker unter den Baby-Betreuungsmöglichkeiten. Hier kümmern sich professionelle Erzieherinnen in kleinen Gruppen (meist) liebe- und fantasievoll ganz- oder halbtags um das Wohl der Kleinen. Doch leider sind die Plätze vor allem in den Großstädten oft sehr rar. Melden Sie sich so früh wie möglich an, da bei vielen Krippen Kinder nach dem Eingang auf der Warteliste aufgenommen werden. So früh wie möglich heißt: am besten schon nach dem dritten Monat Ihrer Schwangerschaft! Lassen Sie sich von mehreren Krippen in Ihrer Nähe auf die Warteliste setzen. Die Adressen für Kinderkrippen oder Kindertagesstätten, die städtisch oder staatlich gefördert sind, finden Sie über die jeweiligen Jugendämter heraus.

→ **ELTERNINITIATIVE** Eine Betreuungsform, die vielerorts wegen des chronischen Kinderkrippenmangels in unserem Lande (siehe oben) entstanden ist. Auch hier haben Eltern ausgebildete Erzieherinnen für die Betreuung ihrer Kinder eingestellt, meist wird allerdings auch von den Eltern einiges an Engagement (z. B. Koch- oder Putzdienste) erwartet. Adressen von Elterninitiativen in Ihrer Nähe oder Infos zur Neugründung bietet die Bundesarbeitsgemeinschaft Elterninitiativen (→ Adressen, die weiterhelfen, Seite 156).

→ **TAGESMUTTER** Eine gute Möglichkeit, falls Sie eine stundenweise und individuelle Betreuung für Ihr Kind suchen. Tagesmütter müssen allerdings keinerlei Qualifikation haben, um diesen Job ma-

5

chen zu können. Es gibt zwar immer mehr VERBÄNDE (→ Adressen die weiterhelfen, Seite 156) und VEREINE, die Ausbildungen anbieten, aber diese sind nicht zwingend. Sehen Sie sich Ihre Tagesmutter deshalb gut an bzw. hören Sie sich nach Empfehlungen um, und scheuen Sie sich nicht, die Eltern der anderen betreuten Kinder nach ihren Erfahrungen zu fragen.

→ AU-PAIR Wenn Sie ein freies Zimmer haben, kann das eine angenehme Variante sein. Sie sind an keine Öffnungszeiten gebunden und haben (eventuell) auch noch ein bisschen Hilfe im Haushalt. Und Sie profitieren gleichzeitig davon, dass auch nachts jemand die Kinder hüten kann. Eine Ausbildung in Sachen Kinderbetreuung haben Au-pairs allerdings meist nicht.

→ KINDERFRAU Eine Kinderfrau ist sicher die teuerste Lösung. Praktisch ist sie vor allem dann, wenn man mehrere Kinder oder ein sehr kleines Baby hat, das man noch zu Hause betreuen lassen möchte. Info: Besser als übers Internet findet man Kinderfrauen über Anzeigen in den regionalen Tageszeitungen.

→ OPA/OMA: Glücklich, wer engagierte Eltern oder Schwiegereltern in seiner Nähe hat, die bei der Betreuung behilflich sind oder diese sogar, wenn Sie arbeiten, voll übernehmen.

Und was kostet das?

Der finanzielle Aufwand für die Betreuung variiert zwischen 4 bis 6 Euro Stundenlohn für die Tagesmutter, 6 bis 10 Euro Stundenlohn für eine Kinderfrau und bis zu 500 Euro/Monat für einen Vollzeitplatz in einer Elterninitiative (Dies sind natürlich nur Richtwerte!).

Familienfreundliche Unternehmen? Willkommen in der Realität!

Die Firma, in der Sie bis jetzt beschäftigt waren, wird Ihnen, wenn Sie Pech haben, ganz anders vorkommen, wenn Sie als Mutter dorthin zurückkehren wollen. Besonders wenn Sie vielleicht sogar noch in Teilzeit in den Job wieder einsteigen wie die meisten Mütter.

»Bei uns gibt es keine Teilzeitregelungen. Ganz oder gar nicht.« Das war die Ansage eines mittelständischen Unternehmens in Deutschland – Frauenquote: mehr als 70 Prozent. Bei der Recherche zu unserem Buch sind uns leider mehr negative als positive Beispiele begegnet. Was uns das sagt? Wir sollten lieber nicht zu viel vom Arbeitgeber erwarten, sondern selbst aktiv werden und nach Lösungen suchen. Eine davon kann die Selbstständigkeit sein

(→ Seite 149 ff.). Mögliche andere Lösungen haben wir anhand von drei Erfahrungsberichten zusammengestellt.

1. Versuchen Sie Ihr Glück woanders

Der Einstieg für Mütter in ein neues Unternehmen kann besser klappen als die Weiterbeschäftigung im alten. Anke (35): »Als ich in meiner Rechtsanwaltskanzlei sagte, dass ich schwanger bin, haben die mich quasi sofort abgeschrieben. Ich merkte, dass bereits umverteilt wurde, während ich noch nicht einmal in der zwanzigsten Woche war, und dass ich von bestimmten Informationsflüssen ausgeschlossen blieb. Mir war schnell klar, dass ich hier nur mit sehr viel Energie meinen Platz behaupten können würde – ohne jede Unterstützung von den Kollegen.«
Auch wenn der Arbeitsmarkt hart ist – versuchen Sie besser, sich neu zu orientieren, als im Unternehmen frustriert auszuharren. Am neuen Arbeitsplatz müssen Sie sich nicht erst für Ihre Mutterrolle rechtfertigen – da ist es eine Selbstverständlichkeit. Man kennt Sie ja nicht anders.

CHECKLISTE

Familienfreundliche Unternehmen

- haben ein Frauenförderprogramm, das nicht nur eine Imageaussage ist, sondern konkret ausgestaltet wird, z. B. über die Kooperation mit einem Dienstleister, um Mitarbeiter in der Organisation von Job und Familie zu unterstützen
- bieten eine Betreuungslösung im Haus an (z. B. Kinderkrippe)
- machen einer Kollegin ein interessantes Jobangebot, obwohl sie gerade ihr zweites Kind bekommen hat
- stellen eine Frau ein, die gerade im fünften Monat schwanger ist (Das ist tatsächlich schon in einem großen deutschen Verlag passiert!)

2. Den Partner in die Pflicht nehmen

Ihre Firma unterstützt Sie nicht in Sachen Familienorganisation? Denken Sie daran, auch das Potenzial des »Partner-Unternehmens«, nämlich der Firma, in der Ihr Partner arbeitet, auszuloten.
Beate (34): »Über meinen Job als Beamtin gab es kaum Möglichkeiten, die Kinderbetreuung zu organisieren. Mein Mann arbeitet aber bei einer großen Versicherung, die eine eigene Kinderkrippe hat. Weil es in der bestehenden keinen Platz mehr gab, hat er sich mit anderen Vätern und Müt-

Sabine Asgodom ist eine der bekanntesten Management-Trainerinnen im deutschsprachigen Raum. Die frühere Zeitschriftenredakteurin, Autorin (»Lebe wild und unersättlich«) und Mutter zweier mittlerweile erwachsener Kinder hat sich 1999 mit ihrem Unternehmen Asgodom Live (www.asgodom.de) selbstständig gemacht.

Wurden Ihnen als Mutter im Job viele Steine in den Weg gelegt?
Immer wieder! Das fing damit an, dass ich keinen Job bekommen habe, weil ich zwei kleine Kinder hatte. »Was machen Sie denn, wenn Ihre Kinder krank sind?«, wurde ich gefragt. Dabei geht es keinen Chef etwas an, wie man die Kinderbetreuung organisiert hat – Hauptsache, man macht seine Arbeit. Später habe ich es dann in einem Verlag geschafft, mir eine Vier-Tage-Woche rauszuboxen – aber das war damals eine klare Absage an die Karriere.

Ist diese Effizienz das, was Mütter von Nichtmüttern im Job unterscheidet?
Auf jeden Fall. Mütter arbeiten fokussierter, mehr auf den Punkt gebracht, sie können besser organisieren, besser mit Menschen umgehen. Allerdings müssen sie aufpassen, dass sie vor lauter Effizienz nicht ganz den Smalltalk in der Kaffeeküche sausen lassen. Denn sonst gehen wichtige Infos an ihnen vorbei.

Was ist ein weiterer Fehler, den Mütter im Job machen?
Sie dürfen nicht in die Teilzeitjob-Falle tappen – das heißt, den gleichen Job wie früher in weniger Zeit und für weniger Geld machen. Man kann in Teilzeit nicht das gleiche Pensum wie früher schaffen.

Sie waren früher angestellt, heute sind Sie selbstständig. Was sind die Vor- und Nachteile der beiden Arbeitsmodelle für Mütter?
Der große Vorteil für Angestellte ist, dass sie zu Hause bleiben können, wenn das Kind krank ist. Als Selbstständige musst Du arbeiten, sonst kommt kein Geld rein. Mit ganz kleinen Kindern hätte ich mir persönlich deshalb die Selbstständigkeit nicht zugetraut – zumal ich teilweise Alleinernäh-

rerin unserer Familie war. Ich kenne aber Frauen, die diesen großen Schritt sogar mit drei kleinen Kindern gewagt und geschafft haben.

Das Kind ist krank, Sie haben ein Coaching. Was tun Sie?
Das Coaching absagen, ganz klar! So wichtig kann kein Job sein – das Kind geht immer vor.

Kinder und Job – für Sie Bereicherung oder Stressfaktor?
Bereicherung! Ich wollte immer beides haben. Deshalb spreche ich auch nie von Doppelbelastung, sondern immer von Doppelglück: Energie und Anerkennung kriegt man durch den Job, Lebensfreude durch die Kinder – das ist das volle Leben!

Wie schafft man es, neben Kind und Job nicht selbst auf der Strecke zu bleiben?
Man muss den Mann einspannen, wenn man einen hat. Außerdem sollte man sich unbedingt Entlastung einkaufen, zum Beispiel eine Putzfrau beschäftigen. Wer sich das nicht leisten kann, braucht Mütter-Netzwerke in der Nachbarschaft zur gegenseitigen Unterstützung.

»Erfolg im Job ist nur mit einem erfüllten Privatleben erreichbar«, sagen Sie. Wann haben Sie noch Zeit für Freunde?
Da setzte ich auf Qualität statt Quantität: Einmal im Monat ist bei mir die Bude voll – ganz nach dem Motto »Viel Spaß, aber wenig Arbeit«. Außerdem setze ich auf regelmäßige Stammtische, da trifft man seine Freunde gebündelt. Weil ich oft unterwegs bin, telefoniere ich auch sehr viel mit meinen Freunden.

Wie viel Support braucht man vom Partner?
Perfekt ist fifty-fifty – aber das ist selten. Öfter hört man leider, dass Männer immer noch mit »Du wolltest das Kind, Du willst arbeiten, also zahlst Du die Kinderkrippe, die Putzfrau ...« argumentieren. Und dann finanziert die Frau von einem mickrigen Teilzeitgehalt auch noch die Betreuung des gemeinsamen Kindes – das ist doch pervers! Wer sich auf so ein Modell eingelassen hat, sollte das schleunigst überdenken.

tern engagiert, dass eine zweite gegründet wurde. Rechtzeitig für unsere Tochter hat das geklappt!«
Es ist wichtig, alle Möglichkeiten auf Unterstützung im eigenen und im Unternehmen des Partners zu prüfen. Wenn es noch keine Unterstützung seitens der Firma gibt, sind Mut und Initiative gefragt, entsprechende Angebote zu entwickeln und anzubieten.

Suchen Sie sich Unterstützung!

Professionelle Services helfen Familien und Unternehmen, die Kinderbetreuung besser zu organisieren.
Christina (34): »Wir haben eine Betreuung für unsere beiden Kinder gesucht, die nach Hause kommt. Ich bin selbstständig und musste kurz nach der Geburt des zweiten Kindes weiterarbeiten, und eine Kinderfrau erschien uns als die beste Lösung. Vor allem für das Baby, der Große geht schon in den Kindergarten. Erst haben wir eine Chiffre-Anzeige geschaltet in der Lokalzeitung. Es kamen zwei Bewerbungen. Eine weitere Anzeige mit Telefonnummer brachte eine Flut von Anrufen. Wir haben dann halbherzig eine Kandidatin genommen – und und uns nach drei Wochen wieder von ihr getrennt. Eine Odyssee!«
Der größte Anbieter für alle Dienstleistungen rund um die Familie ist der »Familienservice« (→ Adressen, die weiterhelfen, Seite 156). Er hilft Familien bei der Suche nach einer Kinderfrau, einer institutionellen Betreuung in Krippe oder Kindergarten, einer Ferienbetreuung, Hausaufgabenhilfen usw. Sehr gut ist auch das Angebot einer Notfall-Hotline – für die schrecklichen Tage, wenn alle Betreuungskonzepte zusammenbrechen, aber ein wichtiger Job-Termin ansteht. Dieser Service steht allerdings nur Selbstständigen und denjenigen zur Verfügung, deren Firmen mit dem Institut zusammenarbeiten. Die Kosten für die Vermittlung einer Kinderfrau liegen beispielsweise zwischen 350 und 800 Euro. Dafür wählt der Familienservice die Bewerber aus, achtet zum Beispiel auf Sonderwünsche (z. B. Mehrsprachigkeit) und regelt alle Formalitäten – vom Vertrag bis zur Lösung von Problemen.

Volle Leistung in halber Zeit? Die Tücken der Teilzeit

Die meisten Mütter arbeiten. Mehr als ein Drittel steigen aber nicht mehr voll in ihren Beruf ein, sondern arbeiten Teilzeit – eine attraktive Alternative, um Job und Kind miteinander zu verbinden. Das ist aber nur eine Seite der Medaille. Der Teil-

ERFAHRUNGSBERICHT

Ute (33)

Während der Elternzeit habe ich Teilzeit in meinem Job gearbeitet. Bis 16 Uhr hatte ich eine Kinderbetreuung, also musste ich lang vor den Kollegen die Firma verlassen. Es war immer komisch, dass ich als Einzige so früh meine Sachen gepackt habe, während die anderen bis 19 oder 20 Uhr weiterarbeiteten.

zeitjob birgt auch ein paar Risiken, auf die man vorbereitet sein sollte. Mit ein paar Lösungsvorschlägen lassen sich die »Teilzeitjob-Fallen« leichter umgehen.

Teilzeitjob-Falle Nummer eins: Probleme mit den Vollzeit-Kollegen

Die Arbeitszeit komplett nach der Kinderbetreuung auszurichten kommt bei den meisten Arbeitgebern eher schlecht an. Besser Sie überlegen sich, wie Sie dem Unternehmen und Ihren Kollegen entgegenkommen können. Schlagen Sie zum Beispiel folgende Lösungen vor, die konkrete Vorteile bringen:

→ dass das Telefon schon ab 8 Uhr besetzt ist (oder eine andere frühe Zeit Ihrer Wahl)

→ dass Sie eilige Dinge mit nach Hause nehmen und abends den Kollegen mailen

→ dass Sie Wochenendeinsätze anbieten können. Mit diesen können Sie sich beispielsweise bei den Kollegen revanchieren, wenn diese für Sie eingesprungen sind.

Ist Ihr Job an feste Öffnungszeiten gebunden, können Sie vielleicht mit anderen Kollegen und Kolleginnen im Unternehmen oder im privaten Umfeld ein Netzwerk bilden, um die Betreuung gemeinsam zu organisieren.

Teilzeitjob-Falle Nummer zwei: Unzuverlässige Terminabsprachen

Der Chef bittet zum Termin. Das Meeting soll um 14 Uhr beginnen. Sie denken: »Wunderbar, damit ist nach hinten genug Luft, um mein Kind um 18 Uhr aus der Krippe abzuholen.« Und dann wird der Termin stündlich nach hinten verschoben, bis er endlich um 17.30 Uhr beginnt. Keine Chance mehr, jetzt noch rechtzeitig in der Krippe zu sein! Das ist kein Einzelfall, sondern kommt immer wieder vor.

In der Regel kann man es sich nicht leisten, dennoch zur üblichen Zeit das Haus zu verlassen und nicht an dem Termin teilzunehmen. Zumindest sendet man damit eindeutige Signale in die Chefetage, und das kann Auswirkungen auf die weitere Karriereplanung haben. In diesen Fällen hilft nur, ein Netz an »Nothilfen« aufzubauen, die genau in solchen Situationen einspringen. Denken Sie nicht nur an den perfekten Babysitter, sondern ruhig auch

an ungewöhnliche Aushilfen: zum Beispiel ein Freund, der in der Nähe der Krippe arbeitet, die Freundin des Bruders, die noch studiert und flexibel Zeit hat, eine Nachbarin, die sich freut, einmal helfen zu können. Vielleicht haben Sie bei sich im Job gerade eine Praktikantin, eine Sekretärin oder eine Kollegin, die spontan einspringen würde und das Kind für Sie abholt? Lassen Sie das allerdings nicht zur Regel werden.
Werden Termine öfter in den Abend verschoben, und häufen sich Ihre »Notfälle«, dann sprechen Sie Ihren Chef oder die Kollegen darauf an. Sie haben Ihre Flexibilität schon oft genug unter Beweis gestellt, jetzt sind die anderen dran!

Teilzeitjob-Falle Nummer drei: Erst das Kind, dann der Job

Nach Angaben des Bundesinstituts für Bevölkerungsforschung fürchten 66 Prozent der Frauen in Deutschland, dass ein Kind ihrer Karriere schaden könnte. Dass das in vielen Fällen auch so ist, liegt manchmal aber auch an hausgemachten Gründen. Wer in seinem Job, ganz besonders in einem Teilzeitjob, ständig deutlich macht, dass die Kinder die Nummer eins sind und der Job hinten anstehen muss, läuft Gefahr, in den Ruf zu kommen, zur Supermutti mutiert zu sein, wenn jeden zweiten Tag die Krippe oder die Kinderfrau anruft, etwa weil Ihr Kind krank ist. Achten Sie deshalb darauf, dass Sie nicht der einzige Ansprechpartner

TIPP

Wohin in der Not?

SOS! Alle berufstätigen Eltern wissen: Das Kind wird garantiert dann krank und muss von der Kinderkrippe/Tagesmutter abgeholt werden, wenn ein wichtiges Meeting im Büro ansteht. Sie sollten deshalb dafür sorgen, dass Sie mindestens ein zuverlässiges Betreuungs-Backup haben, das im Notfall einspringt (→ »Teilzeitjobfalle Nummer 3«). Das kann sein:

- eine Nachbarin
- ein Babysitter
- die Oma/eine »Leih-Oma« (→ Adressen, die weiterhelfen, Seite 156)
- ein Kinderhotel

in Krisensituationen sind (→ siehe Nothilfen, Seite 148 f.)!

Teilzeitjob-Falle Nummer vier: Der Karrierestopp

Den Karrierestopp vermeidet man am besten, indem man sich gut informiert, sich aus der Deckung wagt und selbstbewusst auftritt. Auch Teilzeitkräften kann zum Beispiel ein Firmenwagen zustehen und dieselben Gehaltsrunden. Besser man knüpft diese Gespräche an die eigenen Leistungen und nicht an den Vergleich mit Kollegen. Achten Sie darauf, dass Ihre persönliche »Input-Output«-Bilanz stimmt: Die Erfahrung zeigt, dass viele Mütter, die beispielsweise 30 Stunden pro Woche arbeiten, in dieser Zeit faktisch das gleiche Pensum bewältigen wie früher in Vollzeit. Das sollte auch honoriert werden.

Selbstständigkeit – eine echte Alternative?

Die Balance zwischen Kind und Job zu finden ist schwer: Gerade Mütter in Führungspositionen stoßen oft an ihre Grenzen – und an die Grenzen des Systems. Wer die starren Hierarchien oder den Kampf um Frauen- und Familienförderung in den Unternehmen satt hat, denkt schnell mal über die Alternative Selbstständigkeit nach. Doch der eigene Chef zu sein heißt nicht nur, dass man neue Freiheiten genießt, sondern auch, dass man alte gegen neue Zwänge eintauscht: Es gibt zwar keine Kollegen mehr, vor denen man sich rechtfertigen muss. Es gibt aber auch keinen, der den Job macht, wenn man selbst krank ist oder ausfällt. Wie findet man nun den richtigen Weg für sich? Es gibt einige wichtige Punkte, die bei der Entscheidungsfindung helfen.

Der Zeitpunkt

Wenn ein Kind auf die Welt kommt, ist das eine der größten beruflichen Zäsuren für die meisten Frauen. Selbst wenn man nur kurz zu Hause bleibt, ist der Wiedereinstieg in den Beruf anders als nach einem langen Urlaub: Das eigene Lebensumfeld hat sich so elementar verändert, dass Auswirkungen auf die Persönlichkeit und auf den Job nicht ausbleiben. Und auch die Kollegen haben auf einmal neue Erwartungen oder auch Vorurteile. »Oft muss man die Kompetenz nach dem Wiedereinstieg neu unter Beweis stellen«, sagt die Soziologin Gisela Erler. Es ist also immer mit einem mehr oder weniger großen Kraftakt verbunden, sich wieder in die alten Jobstrukturen einzufinden. Wer in dieser Zeit auch noch schlechte Erfahrungen macht, denkt schnell daran, das Handtuch zu schmeißen und sich lieber selbstständig zu machen. Aber Vorsicht! Die ersten Wochen und Monate nach der Geburt eignen sich eher nicht dafür. Denn in dieser Zeit bestimmen die Umstellung auf das Leben mit Kind und die Umorientierung mit dem Partner noch stark das Denken. Da findet man sich in den bekannten Strukturen leichter wieder zurecht. Denn wer jetzt noch die neue Baustelle Selbstständigkeit aufmacht, braucht noch mehr Kraft und Energie, die man eventuell noch gar nicht hat. Außerdem fehlt oft noch das nötige Umfeld, wie Betreuungsplätze und Babysitter-Aushilfen für Notfälle.

Der finanzielle Spielraum

Die Gründung eines Unternehmens ist mit mehr oder weniger großen Investitionen verbunden. Wer mit einem Home Office startet und für den Job lediglich den Computer und Telefon & Co. braucht, kommt mit rund 5.000 bis 10.000 Euro Startkapital für EDV und Telekommunikation, Geschäftsausstattung, Büromöbel etc. aus. Will man einen eigenen Laden aufmachen, eine Praxis gründen oder einen Betrieb eröffnen, muss man mit größeren Investitionen rechnen. In diesen Fällen sollte man ganz exakt prüfen, ob man mit dem Druck, der sich zum Beispiel aus dem Aufnehmen von Krediten ergibt, leben kann.

Selbstständigkeit = Teilzeit?

Seien wir mal ehrlich: Wer sich selbstständig macht, muss sich gerade am Anfang zu 100 Prozent einsetzen. Denn neben dem eigentlichen Job ist man auch noch für die Buchhaltung, die Steuer und das Marketing zuständig. Der Vorteil ist aber: Oft kann man sich die Zeit selbst besser einteilen, als es eine Angestellte/ein Angestellter kann.
Was Mama als Selbstständige braucht, ist eine Kinderbetreuung, die sich nach ihren Bedürfnissen richtet. So kann man von den flexiblen Arbeitszeiten profitieren, also zum Beispiel mal eine Woche weniger arbeiten und viel Zeit mit dem Kind verbringen – und umgekehrt. Außerdem sollte man bereit für neue Arbeitszeiten sein. Denn die Selbstständigkeit ist nur etwas für Mütter, die beispielsweise auch gerne abends oder am Wochenende arbeiten.

Ihr persönliches Profil

Nach der fachlichen Bewertung, ob Selbstständigkeit eine wirkliche Alternative für Sie ist, sollte unbedingt auch die Überprüfung der eher persönlichen Aspekte folgen.

- → Haben Sie den Mut, die sichere Stelle zu verlassen, in der Sie automatisch ein monatliches Gehalt beziehen?
- → Können Sie die Energie aufbringen, auch mal allein große Volumen an Arbeit zu bewältigen?

→ Wie kommen Sie mit finanziellen Verlusten und Druck zurecht, wenn es mal nicht läuft?

→ Und nicht zuletzt: Gerade wer im Home Office arbeitet, braucht besonders viel Disziplin dabei, den Job von Kind und Haushalt zu trennen. Wie reagieren Sie im Büro auf Ablenkung? Können Sie gut Prioritäten setzen?

Der SOS-Tipp für alle, die neben Kindergeschrei und in der Einzelisolierung im Büro zu Hause nicht mehr arbeiten wollen: Suchen Sie sich eine Bürogemeinschaft! Es gibt genug kleine Firmen, die gerne einen Schreibtisch oder einen Raum tageweise untervermieten. Oder gründen Sie mit jemandem, der dasselbe oder ein artverwandtes Themenfeld beackert, eine Büro-Zweckgemeinschaft. Dann können Sie sich bei größeren Aufträgen oder Ausfällen wegen Krankheit auch mal gegenseitig unterstützen.

ERFAHRUNGSBERICHT

Rita (33)

Ich arbeite als Steuerberaterin, und die Aufträge kommen oft in Wellen. Für die Spitzenzeiten habe ich den Kontakt zu einer ehemaligen Kollegin gesucht, die ihr zweites Kind bekommen hatte und noch in Elternzeit war. Sie hat immer wieder Aufträge für mich erledigt – ich war entlastet, und sie hat den Anschluss an den Job nicht verloren. Jetzt kommt mein zweites Kind – und mittlerweile habe ich sie per festem Minijob bei mir angestellt.

Netzwerke und Partner suchen

Netzwerke gehören zum Wichtigsten, was selbstständige Mütter brauchen. Bauen Sie sich ein Netzwerk auf – zusammen mit anderen Müttern, die in ähnlichen Bereichen tätig sind oder waren. Gerade Frauen, die noch in Elternzeit sind, können wertvolle Unterstützung geben, zum Beispiel wenn das Jobvolumen zu groß wird, Sie ausfallen, weil ein Kind krank ist oder gerade das zweite auf die Welt kommt … Ist man mit der eigenen Firma schon relativ gefestigt, kann es Entlastung bringen, jemanden mit einem Minijob auf 400-Euro-Basis pro Monat zu beschäftigen.

Kostengünstige Beratung mit persönlichen Coachings, Fachvorträgen und Gründungshilfen (z. B. Verfassen eines Business-Plans, öffentliche Fördergelder) gibt es in vielen Städten in den Beratungsstellen für Existenzgründer. Kontakte und Adressen bieten die jeweiligen Agenturen für Arbeit.

Ob in Sachen Job, Liebe, Freunde oder Ego – Wir hoffen, unsere Tipps haben Ihnen geholfen, sich von so manchem Zwischenfall in der ersten Zeit mit Baby nicht unterkriegen zu lassen – und ermutigt, als Mama Ihren eigenen Weg zu gehen!

Der richtige Zeitpunkt für das zweite Kind

Heute bekommt eine Frau in Deutschland durchschnittlich 1,36 Kinder (Quelle Eurostat). So gesehen ist die Frage nach dem zweiten Kind fast schon beantwortet: Viele Mütter und Väter scheinen nach dem ersten schon genug zu haben. Woran das liegt, versucht die Politik seit Jahren herauszufinden – und Gegenstrategien zu entwickeln. Eine davon: Mehr Geld für Familien. Wir meinen: Darum geht es nicht. Denn ein Kind ist längst Ausdruck einer persönlichen Einstellung. Wer Mama wird, muss Mut für Innovationen haben, flexibel und auch selbstlos sein. Durchschnittlich bekommen Frauen in Deutschland ihr zweites Kind, bevor das erste fünf (alte Bundesländer) beziehungsweise sechs Jahre (neue Bundesländer) alt ist (Quelle: »Familiensurvey« des Deutschen Jugendinstituts). Sie denken über ein zweites Kind nach? Wie die meisten anderen Eltern auch grübeln Sie vermutlich noch, wann wohl der beste Zeitpunkt ist. Viele Frauen beschäftigt auch die Frage, ob ein zusätzliches Kind nicht die Balance, die sie oft mühsam zwischen Job, Kind und Partner gefunden haben, wieder völlig durcheinanderbringt.

Mut und Lust

Zunächst mal: Es gibt nie den richtigen Zeitpunkt für ein Kind. Irgendetwas passt immer just in diesem Moment nicht. Man will erst noch die nächste Sprosse der Karriereleiter erklimmen, ist gerade umgezogen, der Partner steckt noch in der Probezeit... Die Erfahrung zeigt aber, dass es dann doch alle schaffen – und sich der Mut, ein Kind zu bekommen, wirklich lohnt. Viele Lösungen kann man auch nicht vordenken oder vorplanen. Genauso ist es mit dem zweiten Kind. Gerade ist das erste aus den Windeln – jetzt erst einmal aufatmen und nicht gleich wieder anfangen? Auch hier gibt es sicher tausend Gründe, die gerade gegen ein zweites Kind sprechen. Lassen Sie sich davon nicht verrückt machen! Unabhängig vom Alter Ihres ersten Kindes sind Sie erst soweit, wenn Sie sich eines Tages plötzlich wieder vorstellen können, schwanger zu werden. Wenn der Blick in einen anderen Kinderwagen wieder Entzücken auslöst. Und wenn Sie spontan Lust auf ungeschützten Sex mit Ihrem Partner haben. Jetzt dürfen Sie sich nur nicht von den Gegenargumenten abschrecken lassen. Beweisen Sie Mut – und vertrauen Sie darauf, dass Sie das schaffen werden!

Fitness

Bei allem Mut zum zweiten Kind sollte man sich eines jedoch gut überlegen: Sehr kurze Abstände zwischen den Geburten, etwa zwischen 12 und 18 Monaten, sind für die Mütter extrem stressig. Oft hat man sich von der ersten Geburt noch nicht richtig erholt, keine oder nur wenige Nächte wieder durchgeschlafen – da geht alles wieder von vorn los. Das kann zur seelischen und körperlichen Belastungsprobe werden. Für Mama sicher entspannter sind Abstände zwischen zwei und drei Jahren.

Rat vom Fachmann

Für ein gutes Geschwisterverhältnis ist ein Abstand von drei Jahren optimal. »Diese Geschwister profitieren am meisten voneinander«, sagt der Frühpädagoge und Familienforscher Prof. Hartmut Kasten vom Staatsinstitut für Frühpädagogik in München. »Mit Drei hat ein Kind sein Vertrauen und seine Persönlichkeit so weit entwickelt, dass es gelassen reagiert. Es ist kompetenter, bereiter und emotional stabiler als jüngere Kinder.« Ist der Abstand geringer, empfiehlt der Experte, dass Oma, Opa, Papa oder ein anderes, liebevolles Familienmitglied für die fehlende Aufmerksamkeit beim Erstgeborenen sorgen, wenn Mama sich erst mal intensiver um das kleine Geschwisterchen kümmern muss. Haben Sie bloß kein schlechtes Gewissen deshalb – Ihr erstes Kind freut sich sicher bald über das neue Baby! Als besonders groß gelten Zeitabstände ab sechs Jahren. »Solche Kinder wachsen dann jeweils wie Einzelkinder heran«, so der Experte.
Egal ob Sie sich für ein, zwei oder mehrere Kinder entscheiden – wir finden, das Leben mit Kindern ist eine Bereicherung!

Bücher, die weiterhelfen

Erste Zeit mit Baby

Gebauer-Sesterhenn, B./ Praun, Prof. Dr. M.: *Das große GU Baby-Buch;* GRÄFE UND UNZER VERLAG

Höfer, S./Szász, N.: *Hebammen-Gesundheitswissen. Für Schwangerschaft, Geburt und die Zeit danach;* GRÄFE UND UNZER VERLAG

Iovine, V.: *Beim ersten Kind gibt's tausend Fragen. Alles, was Ärzte nicht sagen, Männer nicht wissen und nur die beste Freundin verraten kann;* Knaur

Iovine, V.: *Du wirst das Kind schon schaukeln. Das erste Jahr mit deinem Baby;* Knaur

Kast-Zahn, A./Morgenroth, H.: *Jedes Kind kann schlafen lernen;* GRÄFE UND UNZER VERLAG

Kunze, P./Keudel, Dr. med. H.: *Schlafen lernen – Sanfte Wege für Ihr Kind;* GRÄFE UND UNZER VERLAG

Lang-Reeves, I.: *Beckenboden. Wie Sie den Alltag zum Training nutzen;* GRÄFE UND UNZER VERLAG

Largo, R.: *Babyjahre;* Piper

Van de Rijt, H./Plooij, F.: *Oje, ich wachse!;* Mosaik

Mütter/Väter/ Geschwister

Beyer, L.: *Das Baby-Buch für neue Väter;* Goldmann

Feddersen, S.: *Wilde Mütter;* Pendo

Hacke, A.: *Der kleine Erziehungsberater*; Rowohlt

Hohwieler, C./Bleuel N.: *Die tun nichts, die wollen nur spielen! Warum Frauen die Arbeit und Männer den Spaß haben;* Herder

Kasten, Prof. Dr. Dr. H.: *Einzelkinder und ihre Familien;* Hogrefe und Huber

Lambeck, S./Zylka, R.: *Das große Jein. Zwanzig Frauen reden über die Kinderfrage;* Rowohlt

Richter, R./Schäfer, E.: *Das Papa-Handbuch;* GRÄFE UND UNZER VERLAG

Vinken, B.: *Die deutsche Mutter. Der lange Schatten eines Mythos;* Piper

Partnerschaft/ Sexualität

Buchta, Anneliese.: *300 Fragen zu Sex & Partnerschaft;* GRÄFE UND UNZER VERLAG

Cowan, C./Cowan P.: *Ehe wir uns verlieren. Wenn Paare Eltern werden;* Aussaat

Graf, J.: *Familienteam. Das Miteinander stärken;* Herder Spektrum

Heinemann, H. M.: *Eltern werden – Liebespaar bleiben, 50 Tipps, damit die Liebe überlebt;* Rowohlt

Kettenring, M.: *Erotische Partnermassage;* GRÄFE UND UNZER VERLAG

Lehnert, V./Lehnert F.: *Ehe wir uns verlieren;* Aussaat Verlag

Reichelt, K./Uhl, D.: *Homöopathie für die Partnerschaft;* GRÄFE UND UNZER VERLAG

Schoenaker, T./Schoenaker, J./Platt, J.: *Die Kunst, als Familie zu leben;* Herder Spektrum

Job

Asgodom, S.: *Balancing – das ideale Gleichgewicht zwischen Beruf und Privatleben;* Econ

von Au, F.: *Erfolgreich auftreten im Beruf;* GRÄFE UND UNZER VERLAG

Dannemeyer, P.: *Konflikte lösen;* GRÄFE UND UNZER VERLAG

Dürr A./Voigt C.: *Die Unmöglichen. Mütter, die Karriere machen;* Diana Verlag

Gesterkamp, T.: *Gutesleben.de – Die neue Balance von Arbeit und Liebe;* Klett-Cotta

Matejcek, K./Bauer, P.: *Mama im Job;* Redline bei ueberreuer

Öttl, C. /Härter, G.: *Selbst-Marketing. Zeigen Sie, was in Ihnen steckt;* GRÄFE UND UNZER VERLAG

Pearson, A./Frischer, C.: *Working Mum;* Rowohlt (Roman)

Preis, P./Rothblum, S.: *Mütter sind die besseren Manager;* Mosaik

Organisation/Life- und Babymanagement

Bonneau, E.: *Smalltalk;* GRÄFE UND UNZER VERLAG (damit Ihnen auch als »Nur-Mama« die Themen nicht ausgehen)

Nussbaum, C.: *Familien-Alltag sicher im Griff;* GRÄFE UND UNZER VERLAG

Szolnoki, E./Pohlmann, N.: *Tu's doch. 365 Tipps, die mehr Schwung ins Leben bringen;* GRÄFE UND UNZER VERLAG (damit es neben dem Baby-Alltag noch Neues zu entdecken gibt)

Walter, G.: *Die schönsten Spiele für drinnen und draußen, 250 tolle Ideen für Kinder von 4–10;* GRÄFE UND UNZER VERLAG

Internetadressen, die weiterhelfen

Schwangerschaft, Lebenshilfe, Recht

www.berufstaetige-muetter.de
www.fast-4ward.de
Infos zu rechtlichen, politischen und finanziellen Fragen von Müttern

www.bdh.de
Bund Deutscher Hebammen e.V.

www.bfhd.de
Bund freiberuflicher Hebammen Deutschlands e.V.

www.hebammensuche.de
Eine Suchmaschine, mit der Sie Hebammen in Ihrer Umgebung finden (für die Vor- und Nachsorge)

www.bmfsfj.de
Website des Bundesministeriums für Familie, Senioren, Frauen und Jugend. Unter der Rubrik »Familie« finden Sie mit etwas Suchen die jeweils aktuellen Vorgaben und Gesetze zu Themen wie Mutterschutz und Elternzeit.

www.bundesrecht.juris.de/muschg
Das Mutterschutzgesetz online – hier finden Sie unter anderem auch in § 8 detaillierte Sonderregelungen für den Schutz der Schwangeren an bestimmten Arbeitsplätzen.

www.femity.net
Eine Networking-Community für berufstätige Frauen und Mütter

www.hausfrauenrevolution.com
Website der Promi-Autorin Marie-Theres Relin. Sie will coole Hausfrauen vernetzen. Mit anderen Hausfrauen kommunizieren, Kraft für die Hausarbeit tanken, Spaß haben

www.mittelstand-und-familie.de

Die Website gibt Anregungen, wie Firmen berufstätige Mütter fördern können.

www.schatten-und-licht.de
Homepage des Vereins Schatten & Licht – Krise nach der Geburt e.V. zum Thema postnatale Depression

www.vaeter.de
Infos und Chatmöglichkeiten für alle Väter

Betreuung

www.au-pair-box.com
www.nanny.de
Infos und Vermittlung von Au-pairs

www.babysitter.de
www.leihomaservice.de
Babysitter und »Not-Omas«, die im Notfall einspringen

www.bage.de
Website der Bundesarbeitsgemeinschaft Elterninitiativen. Nennt Elterninitiativen in Ihrer Nähe und bietet Infos zur Neugründung.

www.familienservice.de
Der größte Anbieter für alle Dienstleistungen rund um die Familie

www.kinderinsel.de
Einzigartiges Angebot in Berlin: Kinderhotel und Kindergarten, mobile Kinder (einzel)betreuung, Veranstaltung von Themenfesten, Kindersightseeing und vieles mehr

www.tagesmuetter-bundesverband.de
Bundesverband verschiedener Organisationen, die Tagesmütter vermitteln

Fun und Shoppen

www.amazon.de
Geschenke für Freunde, aber auch Spielsachen, Bücher, CDs und Filme

www.autokino-deutschland.de
Verzeichnis der Drive in-Autokinos in Deutschland (5 Städte)

www.bibsandstuff.com
Englische Website mit interessantem Baby-Zubehör

www.der-mietkoch.com oder
www.ihr-koch.com
Zwei Seiten von Mietköchen; weitere finden Sie schnell über eine Google-Recherche. Guten Appetit!

www.helga-korp-atem.de
Schwimmbad in München mit Babyschwimmbecken, Infrarotraum und Biosauna zum Entspannen. Ähnliche Angebote gibt es in vielen großen Städten.

www.kaisers.biz
Lebensmittel online bestellen (bisher nur in Berlin und München möglich, weitere Städte sollen aber rasch folgen).

www.lush-shop.de
Geschenke aus dem Wellness-Bereich, witzig aufgemacht sowie zum Beispiel auch schlaffördernde und beruhigende Badezusätze für Kinder. Hier gibt's übrigens auch Massagebars mit aphrodisierender Wirkung – schön für das Auftauen nach der Babypause …

www.nostalgie-im-Kinderzimmer.de
Geschenke für Kinder

www.oekokiste.de
Eine Seite, auf der für etliche PLZ-Gebiete Ökokisten-Anbieter verzeichnet sind, die Ihnen frische Bio-Produkte nach Hause liefern. Sonst hilft eine Google-Suche nach dem Stichwort »Ökokiste« und Ihrem Wohnort bzw. der nächstgrößeren Stadt weiter.

www.schlecker.de
Drogerieartikel online bestellen

Register

Wichtiger Hinweis

Hilfreich & lebensnah

GU-Ratgeber machen das Leben besser

ISBN 978-3-7742-8881-2
160 Seiten

ISBN 978-3-7742-6975-0
176 Seiten

Preis je Band: 14,90 € [D]

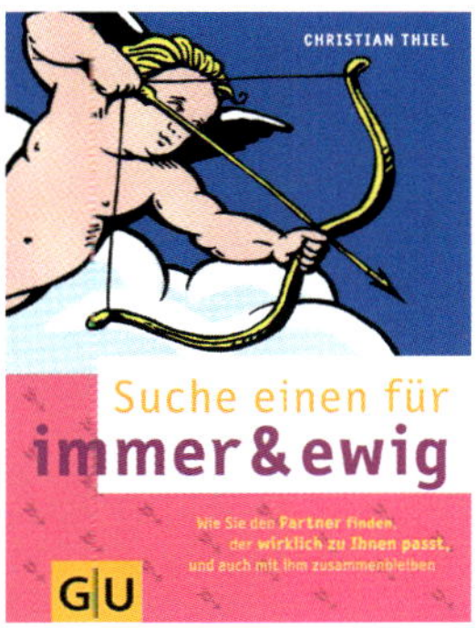

ISBN 978-3-7742-6591-2
160 Seiten

ISBN 978-3-7742-6282-9
160 Seiten

Das macht sie so besonders:

Kompetent – Lebenshilfe auf den Punkt gebracht

Wirksam – Die besten Übungen und Programme

Lebensnah – Alles, was Sie im Alltag weiterbringt

GU

Willkommen im Leben.

Impressum

Programmleitung
Ulrich Ehrlenspiel
Redaktion
Corinna Feicht
Lektorat
Nina Weber, Essen
Bildredaktion
Henrike Schechter
Innenlayout
independent Medien-Design, Claudia Hautkappe
Herstellung
Susanne Mühldorfer
Satz
Uhl + Massopust, Aalen
Repro
Fotolito Longo, Bozen
Druck und Bindung
Druckhaus Kaufmann, Lahr

Bildnachweis
Getty: S. 6, 40 li., 40 re., 70 re., 72, 80 li., 114 li., 126 re., Corbis: S. 12 li., 12 re., 104, 115 li., 127 re., 128, 80 re., 81 li., 81 re., GU: Wagenhan (S. 114 re.), IFA: 41 li., 115 li., Jump: 126 li., Mauritius: 50, 127 re., Photodisc: 123, Picture Press: 91, Plainpicture: S. 13 li., 13 re., 41 re., 70 li., Stills-Online: 58, 123, Stockbyte: 33, Cover: Isabelle Follath

Umwelthinweis
Dieses Buch wurde auf chlorfrei gebleichtem Papier gedruckt. Um Rohstoffe zu sparen, haben wir auf Folienverpackung verzichtet.

ISBN
978-3-8338-0435-9

1. Auflage 2007

GRÄFE UND UNZER

Ein Unternehmen der
GANSKE VERLAGSGRUPPE

100 JAHRE GANSKE VERLAGSGRUPPE

DAS ORIGINAL · GU · MIT GARANTIE

Unsere Garantie

Alle Informationen in diesem Ratgeber sind sorgfältig und gewissenhaft geprüft. Sollte dennoch einmal ein Fehler enthalten sein, schicken Sie uns das Buch mit dem entsprechenden Hinweis an unseren Leserservice zurück. Wir tauschen Ihnen den GU-Ratgeber gegen einen anderen zum gleichen oder ähnlichen Thema um.

Liebe Leserin und lieber Leser,

wir freuen uns, dass Sie sich für ein GU-Buch entschieden haben. Mit Ihrem Kauf setzen Sie auf die Qualität, Kompetenz und Aktualität unserer Ratgeber. Dafür sagen wir Danke! Wir wollen als führender Ratgeberverlag noch besser werden. Daher ist uns Ihre Meinung wichtig. Bitte senden Sie uns Ihre Anregungen, Ihre Kritik oder Ihr Lob zu unseren Büchern. Haben Sie Fragen oder benötigen Sie weiteren Rat zum Thema? Wir freuen uns auf Ihre Nachricht!

Wir sind für Sie da!
Montag – Donnerstag:
8.00 – 18.00 Uhr;
Freitag: 8.00 – 16.00 Uhr
Tel.: 0180-5 00 50 54*
Fax: 0180-5 01 20 54*
E-Mail:
leserservice@graefe-und-unzer.de

P.S.: Wollen Sie noch mehr Aktuelles von GU wissen, dann abonnieren Sie doch unseren kostenlosen GU-Online-Newsletter und/oder unsere kostenlosen Kundenmagazine.

GRÄFE UND UNZER VERLAG
Leserservice
Postfach 86 03 13
81630 München
*(0,14 €/Min. aus dem dt. Festnetz)